新版

授業づくりの教科書

理科実験の教科書 4年

宮内主斗
中嶋　久 [編著]

🌸さくら社

はじめに

　この本は、好評をいただいた『理科実験の教科書』を2020年度から実施の新学習指導要領に対応してバージョンアップしたものです。

　初版発行時には、日本初のフルカラーの教育書と言われました。実験の仕方がとてもわかりやすいと評判でした。それだけでなく、数々の工夫された実験が掲載され、教科書の実験の代わりに取り組んでくれた先生方が、たくさんいらっしゃいました。

　その発行から8年が過ぎ、学習指導要領も変わりました。

　私たちも、提案した実験を少しずつ改良してきました。よりわかりやすく、より成功率を高め、より楽しく、そしてより簡単にできることも考えました。

　その結果、一つのねらいに対して、複数の実験が開発されてきました。甲乙つけがたいものがたくさんあったのです。

　そこで、今回の本は、その複数の実験を一つに絞るようなことをせず、読者の皆さんに選んでいただく方針にしました。

　どうか、予備実験をする際、教科書の実験と本書の実験を見比べながら、どの実験をするかお考えください。

　ぜひ、本書の実験を、子どもたちと一緒に楽しんでください。予備実験をしながら写真を撮って原稿を書いていますので、再現率は高いと思います。

　実は、水を凍らせる実験はうまくいかなくて、トライ＆エラーを繰り返し、4日くらいかけてやっと原稿にできるレベルの実験になりました。他にも、執筆者同士で追試実験をし、アイディアを出し合い、実験を改良していったものがたくさんあります。インターネットを介して全国から集まった本書の執筆者は、私の誇る研究集団です。

　普段の授業で本書が活用され、子どもたちが喜んで取り組み、「なるほど、わかった！」という声が上がることになれば、執筆者としてこれほど嬉しいことはありません。

　なお、この本の実験を動画でご覧に入れるオンライン講座を開催予定です。

パスワードは、「rika2020sakura」です。詳しくは、執筆者代表のサイトでご確認ください。

https://sites.google.com/view/miyauti

2020年7月　　　　　　　　　　執筆者代表　宮内主斗

CONTENTS 新版 理科実験の教科書〈4年〉

4章　閉じ込めた空気と水

5章　体のつくりと運動

6章　月と星

7章 物の温度と体積

8章 物の温まり方

9章 水の姿の変わり方

10章 雨水の行方と地面の様子

11章 理科授業の環境づくり

交尾しながらホトケノザの蜜を吸う、ニッポンヒゲナガハナバチのめす（背中に乗っている触角の長い方がおす）。

1章 ························· 季節と生き物

◉これだけは押さえたい

▶ 生き物は、栄養をとって育つこと。
▶ 生き物は、仲間を増やすこと。
▶ 生き物の様子は、季節により変化すること。

◉指導のポイント

▶ まず、栄養をとって育ち、仲間を増やすのが生き物であることを確認しましょう。「生き物とは何か」がわかると季節により様子が変わったことにも気がつきやすくなり、それらの成長や繁殖の特徴を見つけられるようになります。見つけた「発見」は、大いにほめましょう。
▶ 生き物の正確な名前にこだわらず、わからないなら「こういう特徴がある、仮名○○」と、仮の名前をつけさせてしまいましょう。目印をつけて、継続観察するのも有効です。
▶ 植物を種子から育てるのは、生き物の四季の変化を追うのに有効です。まずタネまきのこつをつかんで、たくさんの芽が出るようにしましょう。

1 季節と生き物の観察をする前に

3年生で学んだ生き物の体のつくりや生活の学習をもとに、さまざまな生き物の季節変化から、「生き物とは何か」も実感できる観察にしましょう。

ポイント	準備するもの
◉生き物は、栄養をとって育ちます。 ◉生き物は、仲間を増やします。 ◉生き物の様子は、季節により変化します。	◎3年生で育てたモンシロチョウやホウセンカ等の観察カード（なければ教科書）の拡大コピー

〇モンシロチョウの一生

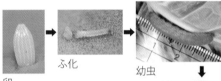
卵　ふ化　幼虫

さなぎ

産卵

羽化

交尾

飛翔・吸蜜

① **3年生で育てたモンシロチョウやホウセンカ等から、季節による変化を確認しましょう**

3年生の時の観察カード等から季節による変化を確認し、「他の生き物も同じだろうか？」と問いかけます。

② **季節による変化から、成長や繁殖の様子を見つけましょう**

・何を食べているか？（栄養にしているか）
・色・形・大きさは、どう変わったか？（開花や変態も含む）
・仲間を増やすはたらきは見られるか？（種子散布や交尾、産卵）

これらの着目点を明示し、「季節による変化を観察しながら、これらの生きている証拠を見つ

○コナラの木の１年

春：開花し（左：雄花と雌花があります）、葉や枝が急速に伸びます。その下の地面には、芽生えも見られます（右）。

夏：ドングリが、大きく成長します。すでに冬芽ができ、枝の伸びは止まっています。

秋：ドングリは褐色に熟して落ち始め、紅葉も進んでいます。

冬：葉が落ち枯れたように見える枝に、固く閉じた冬芽が残ります。

※成長や繁殖など生き物の共通点に着目しますが、実際に観察していくと、それらの様子は多様性に富んでいることにも気がつきます。

けていこう」と初めに呼びかけます。そして観察のたびに、「夏になったね。体の色・形・大きさは春と同じかな？」「秋だね。秋らしい変化は何だろう？」等と意識させるようにします。

③　発表の場をつくりましょう
　授業の中でできることは限られるので、朝の会や自宅学習ノート（コピー）の掲示等で発表の場を設けると、意欲・関心が高まります。発表者をほめることも忘れずに。

やってはいけない STOP

　子どもたちの発見に、興味を示さないのはいけません。自分の目や耳を通して得た「新発見」ですから、大げさなくらい驚きほめましょう。また、正確な名前にこだわらず、わからないなら「こういう特徴がある、仮名○○」と仮の名前をつけさせてしまいましょう。特徴が書いてあれば、後で正確な名前がわかることがあります。

2 自然観察授業の ひと工夫

地域の環境や児童の状況に合わせ、無理せずできるものから、工夫と
準備で、児童と一緒に楽しく活発な自然観察の授業をしていきましょう。

ポイント

◉体の特徴と、生活の様子、それらの季節ご
との変化に着目し、五感をフルに活用して
観察させます。

準備するもの

◎写真パネル◎観察ビンゴシート◎
デジタルカメラ◎筆記用具◎荷札等

---

1. 写真や絵のパネル

A4サイズ以上でプリントし、裏に簡単な説明を
記入し（例.アブラナの蜜を吸うヒメハラナガツ
チバチのめす）ラミネートパウチするか、大判の
絵本などで興味づけします。
「花を探してみよう。花には、こんなのが来てい
るかも。何をしているのかな？」

2. 観察ビンゴシート（A4程度）

「最低でも１つ
ビンゴができる
ように観察しよ
う」等と意欲を
高め、見つけて
終わりとならな
いよう（ ）内
の質問にも答え
させます。

1 導入（課題提示　5分）
①季節ごとの課題を提示して、
写真パネル等利用し観察ポイン
トの説明、興味づけをします。
②ビンゴシートの記入法と昆虫
等どういう場所を探すといいか
確認し、さまざまな生き物を探
すように意欲を高めます。

2 観察（30分）
①最初に下見した「見せたい物」
を全員で観察してから、安全面
や集合場所・時間の確認をし、
グループ観察に移します。
②グループ間の情報交換や担任
への質問も可とし、ビンゴシー
トの記入内容から進み具合等確
認し適宜アドバイスします。
③見つけた生き物や観察風景の
写真を撮り、名前がわからない
時等必要なら荷札等で印をつ
け、その後の変化を追えるよう

（一部拡大）

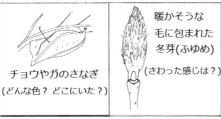

チョウやガのさなぎ
（どんな色？ どこにいた？）

暖かそうな
毛に包まれた
冬芽(ふゆめ)
（さわった感じは？）

関心の低い子でも、さまざまな生き物を探し出し、その特徴に目を向け季節の変化をつかめるような内容を考えます。

3. 継続観察（例. ガマズミ）

冬芽3月25日　芽吹き4月15日　満開5月29日

　冬芽だけだと何の木かわからなくても、花が咲けばわかるかもしれません。
※昆虫の卵等も同様で、ふ化すれば何かわかることがあります。

4. 写真掲示

みずべ公園　春の生きものたち

にしましょう。

③　見つけた生き物、気付いたことの発表（5分）
　見つけた生き物の特徴や前回からの変化等、気がついたことを発表してもらいます。発表者をほめることも忘れずに。

④　まとめ（5分）
　学習したこと、印象に残ったことをノートにまとめます。

⑤　事後指導
　生き物や観察風景の写真を模造紙に貼り教室掲示して、名前や特徴などがわかり次第そこに記入していきましょう。

やっては
いけない
STOP

　初めから全部やろうと考えてはいけません。無理をすると続きません。例えば、最初は写真掲示だけでも、蓄積すれば次年度以降だんだんと、写真パネルやビンゴシートも加えていけるでしょう。事前に、見られそうな生き物、危険な生き物など下見をし、対策を立てておきましょう。

タネのまき方

タネは、ただ土に埋めるだけでは芽を出しません。タネまきのこつを
つかみ、たくさんの芽が出るようにしましょう。

時間
1 単位
時間

ポイント	準備するもの

●**タネ袋の説明をよく読みます。**
●**ポットにまくか、花壇にまくか。**
●**前年の土を、そのまま使ってはいけません。**

◎ビニールポット（牛乳パック等
で代用可）◎鉢底用ネット（網戸
の網等で代用可）◎土◎移植ごて
◎ジョウロ（霧吹き）◎虫眼鏡
◎観察カード◎筆記用具

1. タネの大きさ、色、形の観察（農薬処理で色
がついているものもあります）。

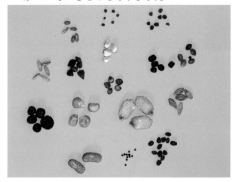

2. タネ袋の説明

① **事前にタネ袋の説明を読む**
①まき時を確認します。

　植物により発芽適温（地温）
が異なります。ツルレイシの場
合25 ～ 30℃と高く、発芽が遅
れるとタネが腐ったりカビが生
えたりします。気温が低ければ
ビニール袋をかぶせるとか、日
なたに置く等して保温しましょ
う。
②タネをまく深さを確認します
（書いてないものもあります）。

　小さなタネは土の上にまき、
うすく土をかけます。大きなタ
ネは指であけた穴に入れて、土
をかぶせます。ツルレイシの場
合は、深さ１～２cm程度。

② **タネの観察（15分）**
　タネまきの前に、タネの大き
さや色、形等を観察しましょう。

3. タネのまき方（小さなタネの場合）

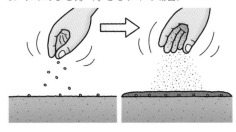

4. タネのまき方（大きなタネの場合）

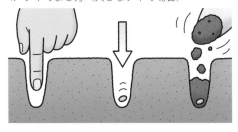

5. ビニールポットにまく場合（底の穴にネットを敷いて土を入れ、水で十分に湿らせてからタネをまきます。発芽率は100％ではないので、3粒くらいまきましょう）。

※まいて最初の水はじょうろや霧吹きでたっぷり与え、次からは土が軽く湿る程度にします。発芽後は、根の発育を促すためにも、土が乾いたら与えるくらいにします。

6. 牛乳パックで代用（四隅に1cmほどの穴をあけ、水が抜けるようにします）。

③ **タネまき（25分）**

　移植を嫌う植物は花壇や畑に直まきしますが、そうでないものは、ビニールポットに土を入れてタネをまき、発芽後、本葉が3〜6枚程度になったら定植します。こうすると温度管理や水やりも楽ですし、きちんと育った物だけを選べます。

④ **タネまきの記録（5分）**

　観察カードにスケッチと、日時や天気、気温、感想等を書きます。

やっては いけない STOP

　前年の土を、そのまま使用してはいけません。土がやせ、雑菌が繁殖しています。清潔で通気性、保水性に富んだ市販の「野菜の土」などを使うのが確実です。

　通気性等失われるので、土を押しつぶしてはいけません。

　タネが腐るので、水を与えすぎてはいけません。

　古いタネは、発芽しないこともあるので使用しません。

4 春の生き物

発芽や開花、芽吹き、ふ化や羽化等に活動の始まりを感じ、短期間に姿が大きく変わる時期。四季の観察のスタート、しっかり確認させましょう。

時間
1 単位
時間

ポイント	準備するもの
●芽吹きやふ化等、生き物たちの活動の始まりに着目させます。 ●鳥のさえずりや花のにおいなど、五感をフルに活用し、観察や記録の仕方も身に付けさせます。	◎観察カード◎クリップボード◎筆記用具（担任の先生はデジタルカメラ、荷札、写真パネル等も）

1. 芽吹きを見つけます。どんな花が咲くか、目印をつけて継続観察しましょう（マユミ。3月19日芽吹き、5月15日満開）。

2. 花を見つけます。色・形・大きさは？

※カラスノエンドウには、いろいろな虫が来ます。

1 **導入（5分）**

・課題提示「春らしい自然を見つけよう」（生き物たちの活動の始まりを見つけよう）。

・写真パネル等で興味づけし（「**2**自然観察授業のひと工夫」参照）、春の観察のポイントや観察方法、記録の仕方を確認します。

2 **観察（30分）**

植物の開花や芽吹き、ふ化したたての昆虫や葉を食べる幼虫等、下見で確認した「見せたい物」をどれか1つ、全員で観察してからグループ観察等に移すと効果的です。

・安全面や集合場所・時間等の確認をし、観察開始。観察カードをチェックしながら、観察方法や記録の仕方等をアドバイスしましょう。

3. 花には、虫が来ているかもしれません。何をしていますか？ 冬はどこにいたのでしょう？（カラスノエンドウの蜜を吸う、シロスジヒゲナガハナバチのおす）

4. 伸び始めの、まだやわらかい茎を見つけます。アブラムシは何をしているのですか？ アリは？ テントウムシは？（カラスノエンドウの汁を吸うアブラムシから甘露をもらうアリと、そのアブラムシを食べるナナホシテントウ）

5. 穴のあいた葉を見つけます。誰があけたのでしょう？ 何の幼虫かは、継続観察すればわかるかもしれません（ギシギシの葉を食べるコガタルリハムシ幼虫5月1日と成虫5月13日）。

・名前がわからない時等は荷札等で印をつけ、その後の変化を追えるようにしましょう。

③ 見つけた生き物、気付いたことの発表（5分）

　見つけた生き物の特徴や、気がついたことを発表してもらいましょう。発表者をほめることも忘れずに。

④ まとめ（5分）

　学習したこと、印象に残ったことをノートにまとめます。

やっては
いけない
STOP

花壇の花を、継続観察の対象に選んではいけません（チューリップ等、季節を代表する生き物としてならOK）。季節ごとに植え替えられます。樹木も定期的に剪定されるので、荷札等で目印をつけ、事前に断っておきましょう。雑草も相談のうえ除草しない一画を決め、ロープを張り「4年生野草園」等と看板を立てておきましょう。

　事前に見られそうな生き物、危険な生き物等の下見をし、対策を立てておきましょう。

夏の生き物

体が大きく成長し、昆虫では変態に伴う生活の変化や食物連鎖などを
観察する好機。熱中症予防や、虫刺され対策をしっかりと。

時間
1単位
時間

ポイント	準備するもの
◉春より大きく成長していることを、確認させます。植物の開花や結実、昆虫の変態も成長の1つと考えます。 ◉昆虫は、変態に伴う口や眼、足、羽など体のつくりの変化と、食性など生活の変化を結びつけて観察させましょう。	◎観察カード◎筆記用具◎クリップボード（担任の先生はデジカメ、荷札、写真パネル等も）

1. 大きく伸びた木の枝（マユミ 7月12日）
※今年伸びた枝は昨年の物と色等が違い、基部に
冬芽の鱗片の落ちた痕が線状に残ることが多い
です。

2. 木の実も大きくなります（マユミ 8月5日）

1 導入（5分）

・課題提示「夏らしい自然（夏を代表する生き物や、春との違い）を見つけよう」

・写真パネル等で興味づけし（「2 自然観察授業のひと工夫」参照）、夏の観察のポイントを確認します。

2 観察（30分）

　大きく伸びた木の枝や、葉を食べる幼虫等、下見で確認した「見せたい物」を初めに全員で観察してからグループ観察等に移すと効果的です。

・熱中症予防や虫刺され等の対策、集合場所・時間等の確認をし、観察開始。

・生き物を見つけたら春と比べて大きさや形等がどう変わっ

3. 完全変態のキアゲハ

幼虫は、脱皮をくり返しどんどん成長します。葉をかじる幼虫の口（写真上）と、蜜を吸う成虫のストローのような口（写真下）。眼や足、羽はどう変わったでしょう？

4. 不完全変態のトノサマバッタ
幼虫（写真上2枚）も成虫（写真下）も、草をかじる口。羽の発達に注目しましょう。

羽

← 羽 →

バッタなどは、親指と人差し指で挟むようにして胸を持ちます（写真右上）。

たか確認させ、合わせて子どもたちの健康観察もしましょう。

③ 見つけた生き物、気付いたことの発表（5分）

風通しのよい日かげ等で、見つけた生き物の特徴や気付いたことを発表してもらいます。発表者をほめることも忘れずに。

④ まとめ（5分）

学習したこと、印象に残ったことをノートにまとめます。

※ツルレイシの観察時にもハチやチョウが蜜を吸い、それを食べるカマキリやクモが隠れていることがあります。6年生の「生物間の関係」につながります。機会を逃さず観察させましょう。つる植物の成長速度の計測や、カブトムシやスズムシ等の飼育、観察も効果的です。

やってはいけない

雷雲の広がりや雷鳴がある時に、外に出してはいけません。特に午後は天気が急変しやすく気温も高いので、観察はなるべく午前中に行いましょう。児童の様子も観察し、臨機応変に対応しましょう。

6 秋の生き物

冬越しの準備をする時期。自身や次代をどのように低温や乾燥から守るかに着目し、多様な越冬方法とその準備の様子を見つけましょう。

時間
1単位
時間

ポイント	準備するもの
◉植物は、次代を残すために多様な方法で種子散布をします。 ◉昆虫は卵や幼虫、さなぎで冬を越すものが多く、そのため秋には交尾や産卵、繭づくりがよく観察されます。また、冬に備え、たくさんのエサを食べます。	◎筆記用具◎観察カード◎クリップボード（担任の先生はデジタルカメラ、荷札、写真パネル等も）

1. 種子は、どうやって運ばれますか？

  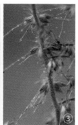

①タンポポ等は風で飛ばされて。
②ジュズ等は水に浮かび水流で。
③チヂミザサ等は動物に引っついて。
④マユミ等は鳥に食べられ排泄されて。
⑤ゲンノショウコ等は果実の皮に弾き飛ばされて。

1 導入（5分）

・課題提示「秋らしい自然を見つけよう」（秋を代表する生き物、冬越しの準備を見つけよう。）

・写真パネル等で興味づけし（「**2**自然観察授業のひと工夫」参照）、秋の観察のポイントを確認します。

2 観察（30分）

　草木の実、繭やチョウのさなぎなど、下見で確認した「見せたい物」を初めに全員で観察しておくと効果的です。

・安全面や集合場所・時間等の確認をし、観察開始。

・生き物を見つけたら、冬を越すためにどんな準備をしているか考えさせます。昆虫は、花

2. 昆虫は、どの段階で越冬しますか？

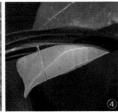

①オオカマキリの交尾（卵で越冬）
②幹にマイマイガの卵塊（卵で越冬）
③ヒロヘリアオイラガの繭づくり（前蛹（終齢幼虫）で越冬）
④シロダモの葉裏にアオスジアゲハのさなぎ（さなぎで越冬）
⑤カキの汁を吸うルリタテハ（成虫で越冬）

や熟れた果実、樹木名札の裏なども探してみましょう。

③ 見つけた生き物、気付いたことの発表（5分）

　見つけた生き物の特徴や、どんな越冬準備をしていたかなど、気がついたことを発表してもらいましょう。発表者をほめることも忘れずに。

④ まとめ（5分）

　学習したこと、印象に残ったことをノートにまとめます。

紅葉のしおり

やってはいけない STOP

　下見もせずに、実施してはいけません。事前に、スズメバチ等危険な生き物がいないかチェックし、対策を立てておきましょう。木の実や紅葉を拾い集め工作等に利用するとか、鳴く虫の聞きなし（「リンリン」「リーリーリー」等）しながら、児童と一緒に秋の観察を楽しみましょう。

冬の生き物

厳しい寒さや乾燥に耐え、やり過ごす時期。誰でも見つけられる冬芽等も
観察項目に入れ、春の姿を想像しながら観察させましょう。

時間
1単位
時間

ポイント	準備するもの

◎植物は、ロゼットや冬芽を観察し、冬越しの工夫を確
認させます。
◎動物は、昆虫のさまざまな段階での越冬の様子、冬鳥、
モグラ塚等を見つけます。

◎クリップボード◎
筆記用具◎観察カー
ド（担任の先生はデ
ジタルカメラ、荷札、
写真パネル等も）

1. ロゼット（メマツヨイグサ。地面に葉を放射
状に広げ越冬し
ます）
日光を受けやす
く、冷たい風に
さらされにくい
形です。

2. 冬芽（未発達の葉や茎、花が詰まっています）

①ツバキの冬芽
（細長いのが
葉や茎になる
芽、そのつけ
根から出る丸
く大きいのが
花芽）

②花芽の縦断面
（すでに花弁
も、雄しべ、
雌しべも確認
できます。1
月26日　茨城
県南部）

1 導入（5分）

・課題提示「冬らしい自然を見
つけよう」（寒さや乾燥に対
する工夫を見つけよう）。

・写真パネル等で興味づけし
（「2自然観察授業のひと工
夫」参照）、冬の観察のポイ
ントを確認します。

2 観察（30分）

　冬芽や虫の卵等、下見で確認
した「見せたい物」を初めに全
員で観察しておくと効果的で
す。花芽（花になる芽）の断面
は、ツバキやコブシ等大きな物
がおすすめ。昆虫は小枝の分か
れ目や幹、石や落ち葉の裏、樹
木名札の裏、軒や庇の裏等も探
してみましょう。

・安全面、集合場所・時間等の
確認をし、観察開始。

3. 昆虫の越冬

①オオカマキリの卵のう（ツツジ等の低木、ススキ、ササ等で見つかります）

②イラガの繭（中では前蛹（ぜんよう）が越冬中。ウメ等の、小枝の分かれ目で見つかります）

③モンシロチョウのさなぎ（冬のさなぎは褐色でキャベツ畑近くの壁等で見つかります）

④ヨコヅナサシガメ幼虫の集団越冬（幹の窪みや、樹木名札の裏で見つかります）

⑤ウラギンシジミの成虫越冬
（ツバキ等の常緑樹の葉裏で、じっとしています）

4. 冬鳥（ウソ。北の地域で繁殖し、日本で越冬します）

5. 冬でも活動している証、モグラ塚（トンネルを掘った土を、地表に押し出します）

・生き物を見つけたら、寒さや乾燥に対してどんな工夫が見られるか考えさせましょう。

③ 見つけた生き物、気付いたことの発表（5分）

　見つけた生き物や、冬越しの工夫等で気がついたことを発表してもらいましょう。発表者をほめることも忘れずに。

④ まとめ（5分）

　学習したこと、印象に残ったことをノートにまとめます。

やってはいけない STOP

　動かした石や落ち葉を、そのままにしてはいけません。そこの生き物が冬を越せなくなるので、必ず元に戻しましょう。植物はもちろん成虫越冬の昆虫でもほとんど移動しませんので、事前に見せたい場所をチェックしておくとよいです。名前のわからない生き物が多いでしょうが、目印をつけて写真を撮り、翌春以降確認します。見つけるのが困難なカエルやヘビ、ほ乳類は、絵本等で対応しましょう。

生き物を呼ぶ校庭

「校庭で生き物観察をしたいが、探しても何も見つからない」。と思ったことはありませんか？ 眼が慣れていない可能性もありますが、本当に少ないこともあるでしょう。

では、たくさんの生き物を校庭に呼ぶにはどうしたらいいでしょう。

例えば小さなものでも池を、池が無理なら水草を入れた大きめのバケツをベランダに出しておくだけでも、トンボやカエルがやって来ることがあります。

チョウを呼びたいと思ったら（モンシロチョウならキャベツ）、幼虫が食べる葉の植物を調べ植えておくとか、季節ごとに蜜を吸いに来る花を植えるとよいでしょう。これも、花壇に余裕がなければプランターで十分です。

バッタを呼びたいなら校庭の隅に除草を抑えた一画を設け、できれば年に1度除草する区画、年に3〜4回除草する区画等いくつかの除草周期で用意できると観察できる種類も増えます。

野鳥を呼びたいと思ったら、カキやニシキギ等鳥の好きな果実の実る樹木がいいですね。

植物観察のためにもさまざまな樹木を植えたいですが、小学生の観察なので、ガマズミやクサギ等1年間の変化が大きく背の届く高さの落葉樹を多くするといいでしょう。

花や熟れた果実にはハチも来ます。ミツバチは手でつかむ等しなければまず刺されませんが、スズメバチ等は攻撃的な時期もあるので注意が必要です。

木を植えれば毛虫も発生しますし、ハチの巣をかけられることもあるでしょう。

危険な生き物への対策を講じ、見られる生き物の紹介や、樹木名札、草原の看板づくり等して、周囲の理解を得る努力もしましょう。

中庭の池に来た、シュレーゲルアオガエル

百葉箱がもし学校にあった
ら、温度計だけでもいいので
設置して観察させましょう。

写真は、右奥から
・乾湿計
・最高最低温度計
・気圧計
手前・自記温度計

2章 ········· 天気と気温

◉これだけは押さえたい

▶ 晴れた穏やかな1日だと日中に気温
が上がる山型のグラフになり、お昼
を過ぎた頃に最高気温になること。

▶ 曇りや雨の日には高低差の小さいグ
ラフになること。

◉指導のポイント

▶ 天気によって1日の気温の変化に違
いがあることを捉えるためには、毎
日記録を取ることが大切です。その
ためには、無理なく継続できる工夫
をしなければなりません。

「1時間ごとに気温を測る」ことは、
授業時間との関係で難しくなりま
す。そこで、休み時間ごとに学級代
表（日直や係等）がグラフ黒板に記
入するようにします。この活動で、
毎日、学校の帰りには天気とグラフ
の関係を確認して帰ることができま
す。このように、授業だけではなく、
日常的に接する機会を作るとよいで
しょう。

▶ また、毎日の記録を写真に撮って掲
示しておくと、曇りや雨の日に高低
差の小さなグラフになることが実感
できます。無理のない方法で、継続
して観察ができるように工夫しまし
ょう。

気温の測り方

棒温度計は小学生でも手軽に温度を測れますが、ガラス製で割れやすく、また、使い方を誤ると正確に測れません。ポイントを押さえましょう。

ポイント

◉温度計に直射日光を当てないよう気をつけ、風通しのよい開けた場所で、地上1.2〜1.5mの高さで測定します。

◉液だめ部分を持ってはいけません。

◉液柱の先が動かなくなるのを待ち、液柱の先の正面に目線を合わせて測定します。

準備するもの

◎棒温度計◎日よけ◎記録用紙◎筆記用具◎クリップボード

・高さ1.2〜1.5mの確認（4年生以上の目の高さ程度。背が低めの子には難しい）。

・日よけの利用（日よけと温度計と、両方持って）。
※以下、写真は末永康子氏撮影

1　導入（10分）

　3年生の学習で日なたと日かげで温度差があったことを確認し、上記のポイントを押さえます。教室で1.2〜1.5mの高さ、目線の合わせ方、直射日光の避け方等を確認させ、温度計はケースに入れて運び、走らず歩いて移動するよう指示します。

2　百葉箱の見学（5分）

　初めに、百葉箱を見学します。なければ教科書で、どのような工夫がみられるかを確認します。「百葉箱になったつもりで」と意識させると、理想の条件に近づけ正確に測れるようになります。

3　気温の測定（20分）

　安全に、ポイントを押さえて

・日よけがない時は、自分の影に温度計を入れます（4年生だと温度計が1.2mより低くなることが多いですが、照り返しの少ない場所なら大きな温度差にはなりません）。

・風通しのよい木陰で、測定してもよいでしょう。

測定しているかをチェックし、誤っている時は声をかけ、どこに問題があるか考えさせます。

④　気温の発表（5分）
　　何℃と測定したか、気がついたことなど発表してもらいます。

⑤　まとめ（5分）
　　学習したこと、印象に残ったことを教室でノートにまとめます。

・測定は液柱の先の動きが止まるのを待って、正面から読みます（目線と温度計が直角になるように）。

やってはいけない

　温度計を、そのまま持たせてはいけません。落としたり転んだりした時の破損やケガを防ぐため、必ずケースに入れて運ばせ、外に出てからも走らず歩いて活動させます。そのためにも、時間に余裕をもって授業計画を立てましょう。また、コンクリートやアスファルトの上は地面からの反射熱がプラスされてしまうので避け、低い草の生えた校庭で測定しましょう。季節や時間、天気によって気温は変わり、気温が変わると生き物の様子も変わります。生き物観察の際は、日時や天気とともに必ず気温も測定し記録しておきましょう。

9 自記温度計の使い方

時間
1回の記録
7日

自記温度計を使うと、気温を連続して測定して記録することができます。1日の気温の変化がグラフで記録されるので、晴れの日と雨または曇りの日の1日の気温の変わり方の違いがよくわかります。

ポイント	準備するもの
◉ 簡単な自記温度計のしくみを理解しておきましょう。 ◉ 百葉箱の中に入れる前に、**理科準備室や職員室でリハーサル**をしてみましょう。 ◉ 百葉箱がない時は、渡り廊下等、日光や雨が当たらず、外の気温と同じようなところを探して設置します。	◎自記温度計、自記温度計専用の記録用紙とカートリッジペン◎自記温度計を設置する場所

【各部の名称】(メーカーにより呼び方が違います)

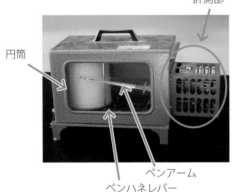

計測部
円筒
ペンアーム
ペンハネレバー

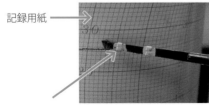

記録用紙
カートリッジペン
・最近のものは交換式
・旧式のものはインク補充式

◆自記温度計のしくみ

1　記録用紙を巻きつけた円筒が、時計のように正確に回転します。

・電気やゼンマイで回転します。

・回転速度は、1回転（1枚記録）するのに1日、7日、32日等切り替えることができます（7日がおすすめ）。

2　気温に合わせて、計測部のバイメタルが伸縮します。

3　この動きがペンアームに伝わり、ペンアームの先に取りつけられたカートリッジペンが記録用紙に気温を記録します。

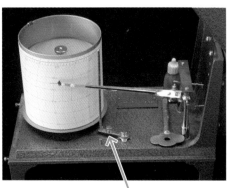

・円筒を着脱する時は、ペンハネレバーを操作して、ペン先を円筒から遠ざけておきます。

・記録用紙には、取つけ前に月日を記入しておきます。

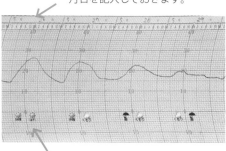

・記録が終わり、取り外した記録用紙には、天気を記入しておくと後で活用できます。

※ 円筒を外す直前の時刻と気温を、外した記録用紙の隅に記入しておくと、誤差があるか確認できます。

やっては
いけない
STOP

直射日光や振動、傾斜がある場所に設置してはいけません。

◆測定の準備

[1]　機器のカバーをあけて、円筒を取り出します。

※ 取扱説明書にしたがって作業をします（ない時は、メーカー HP からダウンロードできる時があります）。

[2]　円筒に、記録用紙を取りつけます。

・記録用紙はスタート側の端を下にして重ね合わせます。重ね目は、紙押さえの位置に合わせます。

・円筒を戻す前に、カートリッジペンの先に紙を当てて動かし、書けるかどうかでインクがあるか確認します。

[3]　円筒を戻して、時刻を合わせます。

・記録用紙の横軸の時刻に、ペン先を合わせます。

※右回転で合わせるか、左回転か、機種によって違います。誤差を小さくするため、取扱説明書で回転方向を確認しておきましょう。

[4]　機器のカバーを取りつけます。

棒温度計

学校にある温度計は、普段意識することなく使っていますが、物質の熱膨張を利用したもの、電気的な性質を利用したもの、赤外線を利用して接触していなくても測ることができるもの等いろいろな原理が使われています。

❶アルコール温度計？

棒温度計は、温度が上がると液体の体積が増えることを利用してつくられています。液体をガラス毛細管の下にある球部に封入して、温度上昇による液体の体積変化を毛細管内の液柱の上端面で読み取ります。

中に入っている液体には、着色した灯油や軽油、水銀が使われています。エチルアルコールの沸点は78℃と低いので、圧力を高めて封入しなければ100℃まで計測することはできません。教材カタログでアルコール温度計と表記されていても、灯油や軽油が使われていて、アルコールが使われていない物もあります。理科室の棒温度計の中には、－30℃から50℃までのアルコール温度計があるかもしれません。

❷経年劣化

棒温度計は、長年使っているうちにガラスの経年劣化により示度に誤差が出ることがあります。温度計をまとめてぬるま湯に入れて示度を比較すると、示度の差から劣化している温度計はすぐわかります。毎年確認して、計画的に廃棄し新しい物を購入しておきましょう。

廃棄する時には、液の色が銀色の水銀が使われている温度計は注意が必要です。健康や環境を保護するために、専門の廃棄業者に依頼する必要があります。

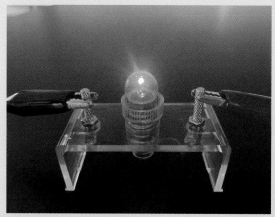

モーターでなく豆電球を使用することで、明るさの変化から電流の変化を直感的に理解できます。

3章 ········· 電流のはたらき

◉これだけは押さえたい

▶ 流れる電流が大きくなると、電気を使う道具のはたらきも大きくなること。

▶ （電池が）１つの輪になるつなぎ方「直列つなぎ」では電流が変化し、複数の輪ができるつなぎ方「並列つなぎ」では電流が変化しないこと。

◉指導のポイント

▶ ３年生で学習した回路を復習することから学習をスタートします。「回路ができていれば（１つの輪につながっていれば）電流が流れる」ことを理解した後、豆電球の明るさと電流計での測定結果との関連を調べて

いきます。

▶ 子どもにとって回路を配線する作業は教師の想像以上に難解です。教師が演示をして見本を示してからつくらせたり、道具を置く場所を指示したシートを用意してつくらせたりするとスムーズです。また、一部の得意な子だけが行うことのないよう、「今日は○○さんが作業する」等と指示し、すべての子が回路の扱いに慣れるようにしましょう。

回路をつくる

3年生での学習を復習しつつ、電気が流れる一本道「回路」ができていれば電流が流れることをより印象づけます。

時間
1単位
時間

ポイント

◉ホルマル線は電気を通さないものでコーティングしてあるので、けずって銅をむき出しにする必要があります。

◉ホルマル線の表面をけずる時は、線を指に巻きつけ、線の端を折った紙やすりで強くつまんで引っ張ります。

◉教師が作業している間、何のためにこの作業をしているのか、子どもに伝えましょう。

準備するもの

◎乾電池◎豆電球◎導線つきソケット◎50cmの銅線（ホルマル線）◎はさみ◎10mの銅線◎スイッチ◎紙やすり

A
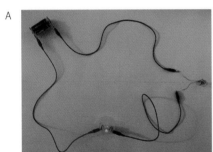

B
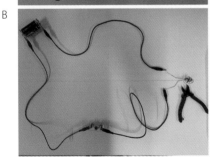

ぐにゃぐにゃに曲がった回路でも電流は流れ光ります（A）が、回路が切れると（B）光りません。

◆授業展開

1 回路の復習

初めに乾電池、豆電球、導線をつなぎ、豆電球を光らせ、光ったのは電気が流れた（通った）からであることを確認します。4年生では電気の流れを「電流」と呼ぶことを教えます。また、電流が流れる道のことを「回路」と呼ぶことを復習します。

2 ぐにゃぐにゃ道の回路

50cmほどのホルマル線を見せます。回路の途中につなぎ、豆電球が光る様子を見せます。

次に、線をぐにゃぐにゃに曲げる様子を見せます。「この線

を回路の途中につなぐと豆電球は光るか」と問います。

　問いについて話し合い、実験で確かめます。「銅線をはさみで切ったらどうなる？」と問います。つながっていれば電流が流れるけど、1カ所でも切れていると電流が流れなくなることを確認します。

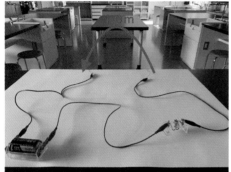

10mのホルマル線をつないでも電流は流れ、豆電球は光ります。

③　長い導線の回路

　今度は10mのホルマル線を見せ、長さを教えます。「回路の途中にこの長いホルマル線をつなぐと豆電球は光るか」と問います。つながっているから光るだろうと考える子が多いです。電源コードや電線も長いけど電流が流れる、と主張する子もいます。意見を交換した後、確かめると豆電球は光ります。

学習の
まとめ

ぐにゃぐにゃになった導線でも、長い導線でも豆電球が光りました。回路が切れずにつながっていれば電流が流れることがわかりました。

11 豆電球の直列つなぎ

豆電球を直列につなぐと、流れる電流が少なくなります。だんだん豆電球の明るさは暗くなり、ついには光らなくなります。ただ、回路ができているので電流は流れています。

時間
1単位
時間

ポイント	準備するもの
● 豆電球を1つ増やすごとに明るさが暗くなっていく様子を見せます。 ● 検流計を使う必然性がわかり、回路と電流の関係の理解を深めます。	◎乾電池（1つ）◎豆電球（5つ）◎導線つきソケット（5つ）◎導線◎検流計

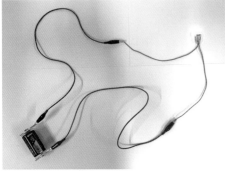

乾電池1つ、豆電球1つをつないだ時は、豆電球は光っています。

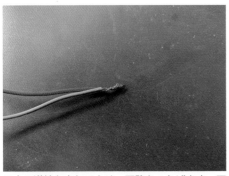

2本の導線を束ねてより、回路をつなげます。豆電球を増やすごとに流れる電流は少なくなるので、徐々に光が弱まっていきます。

◆授業展開

1 課題を出す

　子どもたちを集め、乾電池、豆電球、導線で回路をつくります。豆電球が光っている様子を見せます。

　次に、豆電球をもう1つ増やして豆電球が光るか確かめます。これを何度か繰り返し、豆電球を5つつなげた状態にします。「豆電球を5つつなぐと光らない。この時、電流は流れていないのか」と課題を出します。

2 予想の発表と討論

　ノートに予想とその理由を書かせ、発表させます。「流れている」と考える子は、回路ができているから少しは電流が流れていると考えます。「流れてい

32

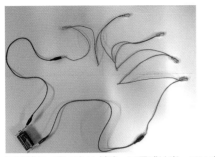

豆電球5つをつないだ時。豆電球は光っていません。

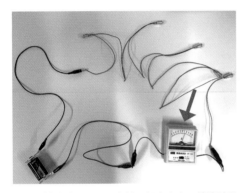

回路に検流計を入れると針は傾きます。検流計は1度回路を切り、切った部分に導線をつなぎます。教師実験で1度確かめてから、児童実験を行いましょう。いきなり児童実験を行うと、操作ミスなどで何が正解かわからなくなります。初めに結果を知っておくことで、接続のミスなどにも気付くことができます。

ない」と考える子は、豆電球が光っていないから電流は流れていないと考えます。お互いの考えを元に議論させます。

③ たしかめ

「電流は目に見えないけれど、どうやって確かめたらよいか？」と聞くと「電流を調べる道具があるのではないか」と答えます。そこで、検流計を紹介します（この意見が出ない場合は教師から紹介）。電流が流れていると針が傾き、傾きで電流の大きさも数字としてわかる道具であることを教えます。

回路ができていれば電流が流れることがわかります。

学習の
まとめ

5つ豆電球がつながっているところに、検流計という道具をつなぎました。すると針が動きました。豆電球は光っていないけれど、回路ができているから電流はちゃんと流れていることがわかりました。

電流の向きを確かめる
（検流計の使い方）

検流計の針が傾く向きに電流が流れていることを教えます。検流計（電流計）は回路に直列につないで（回路を切って、切った場所に検流計を入れて）使います。

時間
1単位
時間

ポイント	準備するもの
◉**検流計を使うことで、電流の流れる方向がわかります。** ◉**電流は＋極から−極へと流れます。**	（1班ごと）◎乾電池◎豆電球◎導線つきソケット◎検流計（電流計）◎スイッチ◎道具を置く場所を指示した紙（A2サイズ）

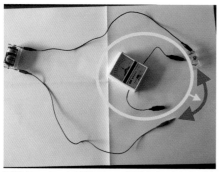

回路をつくった状態で、一部分を切ります（赤い矢印）。切った部分に検流計を入れます。切る箇所はどこでもかまいません。

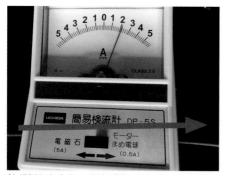

針が倒れた向きに電流が流れています。この場合、大きい一目盛りで0.1A、小さい一目盛りで0.02Aです。

◆授業展開

1 使い方の説明（演示）

最初に使い方を教師が演示します。まず回路をつくり、回路が1つの輪になっていることを確認します。回路の一部を切り（導線を外し）ます。切った部分に検流計のリード線をつなぎます。

スイッチを入れると豆電球が光り、検流計の針が倒れます。スイッチを切ると豆電球が消え、針は元にもどります。このことから、電流が流れている時には針が倒れることがわかります。

電流は針が倒れている向きに流れている（＋極から−極に向かって流れている）ことを教えます。

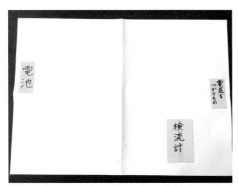

道具の置き場所を紙に指示しておくと間違えません。

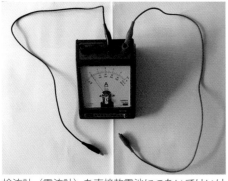

検流計（電流計）を直接乾電池につないではいけません。ショート回路の状態であり、大きな電流が流れるため検流計が壊れることがあります。
また、電流計を使う場合は、写真のようにあらかじめリード線を本体につけておきましょう。

② 児童実験1

子どもたちにも作業させます。初めに回路をつくらせます。回路ができたところで、回路の一部を切って検流計を入れるよう指示します。

③ 児童実験2

針を見る向きによって「右」「左」と向きが変わることに気付きます。そこで、「見る向きによって変わってしまうから、電池を基準として＋極から−極に流れる」と教えます。電流の流れる道筋を声に出して唱えさせながら導線をたどらせると、電流の向きを意識できます。

次に、乾電池の向きを逆向きにするよう指示し、電流の向きを確かめさせます。針の向きは変わりますが、この時にも針の倒れ方から、＋極から−極に電流が流れていることを確認します。

学習の
まとめ

検流計を使うと電流の流れる方向がわかりました。電流はいつも＋極から−極へ流れています。
電池の＋−を間違えるとだめな理由がわかりました。

乾電池の直列つなぎ（1）

光っていない豆電球を明るく光らせたい、という目的によって直列つなぎを行う意義ができます。

ポイント	準備するもの
●乾電池を＋－＋－とつなぐことで、電流を増やすことができます。	（1班ごと）◎乾電池（5つ）◎豆電球（5つ）◎導線つきソケット（5つ）◎検流計1つ◎接続が簡単な電池ボックス（5つ）（ない場合は、小さなネオジム磁石）

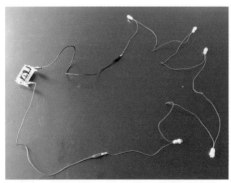

乾電池1つ、豆電球5つをつないだ時。豆電球は光っていません。

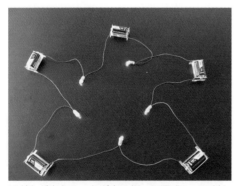

子どもが考えるつなぎ方の例。豆電球1つに対して乾電池1つあればよいと考え、交互につなぐ子がいます。

◆授業展開

1 課題を出す

　子どもたちを集め、乾電池1つ、豆電球5つ、導線で回路をつくります。豆電球が光っていない様子を見せます。

　「豆電球に電流は流れていないの？」と聞くと「流れている」と答えます。そこで、「豆電球を明るく光らせることはできるか」課題を出します。

　「乾電池をいくつか使ってもよいか」という質問が出ることがあります。その場合は複数の電池を使ってもよいことを伝えます。

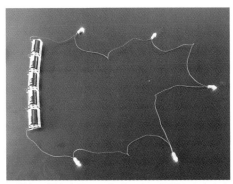

＋極と－極を交互につなぐことで電源をひとまとまりにすることができます（ネオジム磁石で電池をつなぐ方法は次項を参照）。

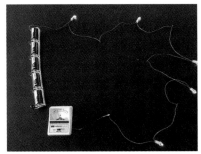

「乾電池を増やすと、流れている電流も変わるのかな」と問い、電流も大きくなっているだろうと予想させます。検流計をつなぎ、乾電池を増やすごとに電流が少しずつ大きくなる様子も確認します。乾電池5つ、豆電球5つをつないだ時には、電流は約0.2A流れています。乾電池1つ、豆電球1つをつないだ時と同じ電流の大きさです。

② 予想の発表と討論

ノートに予想とその理由を書かせ、発表させます。「できる」と考える子の多くは、乾電池を複数使うとよいと考えます。

③ 確かめ

子どもたちを集め、結果を確かめます。「できる」という子がいれば作業させてもよいでしょう。子どもは例（左ページ）のようなつなぎ方をすることが多いです。この回路も正しいことは認めつつ、より簡便につなぐ方法を教えます（右ページ）。

乾電池の数が増えるごとに明るさが増していく様子を確認します。

児童実験でも同じ結果になるのか確かめさせます。

最後に、回路を1つの輪のようにつなぐつなぎ方を「直列つなぎ」と呼ぶことを教えます。

学習のまとめ

乾電池を5つつなぐと豆電球は明るく光りました。電流も大きくなりました。

14 乾電池の直列つなぎ（2）

豆電球をもっと明るく光らせたい、という目的によって直列つなぎを行う意義ができます。

時間
1 単位時間

ポイント	準備するもの

◉**乾電池を増やすことで、より明るく豆電球を光らせることができますが、フィラメントが切れるまで増やしてはいけません。**

（1班ごと）◎乾電池（4つ）◎豆電球（1つ）(2.5V0.3A)◎導線つきソケット（1つ）◎検流計（1つ）◎接続が簡単な電池ボックス（4つ）（ない場合は、小さなネオジム磁石複数個）

接続が簡単な電池ボックス。ボタン式になっていて、ワンタッチで着脱できます。

電池ボックスがない時は、ネオジム磁石で代用します。外側が金属なので電気を通します。また、導線とつなぐ時は乾電池ーネオジム磁石ークリップとつなげ、引き合うようにします。

◆授業展開

① 課題を出す

　子どもたちを集め、乾電池1つ、豆電球1つ、導線で回路をつくります。「この豆電球をもっと明るく光らせることはできるか」と課題を出します。

　ここでも質問が出れば、複数の電池を使ってもよいことを伝えます。

② 予想の発表と討論

　ノートに予想とその理由を書かせ、発表させます。「できる」と考える子は、乾電池を直列につなぐとできると考えます。「できない」と考える子は、豆電球1つにたくさん乾電池をつないではいけないと教わった、等と考えます。お互いの考えを元に

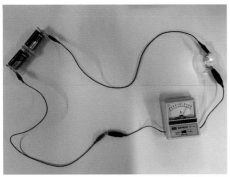

豆電球1つと乾電池2つでの明るさ。電流は約0.3A。

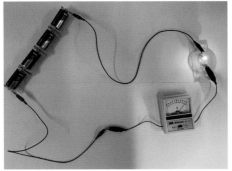

豆電球1つと乾電池4つでの明るさ。電流は約0.5A。

豆電球のフィラメントが焼き切れるほどの電流を流さないようにしましょう（事前に予備実験を行います）。フィラメントが切れる（光らない）ことに目が向き、今日のめあてに到達できません。

議論させます。「乾電池が増えることで何が変わるの？」と問い、「電流が大きくなるだろう」という意見を出させるようにします。

③ 確かめ

子どもたちを集め、結果を確かめます。「できる」と言う子がいれば作業させてもよいでしょう。

乾電池の数が増えるごとに明るさが増していく様子を確認します。「電池を増やすとどうして明るくなるの？」と問い、電流が大きくなったとの答えを引き出します。

学習の
まとめ

乾電池を増やしていくと、どんどんまぶしく光りました。乾電池を増やすと電流も大きくなりました。

電流の向きを確かめる
（電気を使ういろいろな道具）

豆電球はどちらから電流が流れても使える道具です。他の電気を使う道具には、使うための電流の向きが決まっている、電流の向きによってはたらきが異なるものがあることを学習します。

時間
1単位
時間

ポイント

◉**LED（発光ダイオード）、電子メロディは極性があり、＋−を逆につなぐと作動しません。**

準備するもの

（1班ごと）◎乾電池（2つ）◎豆電球◎導線つきソケット◎LED◎電子メロディー◎プロペラつきモーター◎検流計（電流計）◎スイッチ

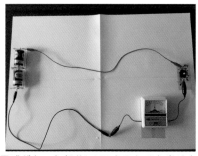

豆電球があった部分にLEDを入れると光ります。一般的なLEDは乾電池1本（1.5V）では点灯しません。乾電池2本の直列つなぎ（3V）で点灯させるようにしましょう（1.5Vでも光る製品もあります）。

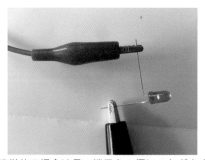

LED単体の場合は長い端子を＋極につなぎます。ショートを防ぐため、子どもにわかりやすいように、あらかじめ＋極の端子を曲げておくとよいでしょう。

◆授業展開

① LEDをつなぐ

豆電球と乾電池で回路をつくらせます。豆電球があった部分の導線をはずし、LEDをつなげます。LEDは「＋」の表示がある端子を＋極につなぐよう指示します。

乾電池の向きを変え、電流の向きを変えるよう指示します。今度は光りません。豆電球と違って、決まった向きの電流が流れないと光らない道具であることを確認します。確認したら電池を元に戻します。

② 電子メロディーをつなぐ

次に、LEDがあった部分の導線を外し、電子メロディーをつなげます。通常赤い導線は＋極側につなげることを教えます。

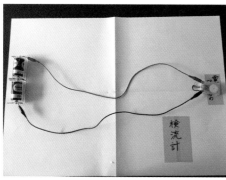

LEDがあった部分に電子メロディーを入れる。電子メロディーに流れる電流はわずかで、検流計で測れないため検流計はつなぎません。

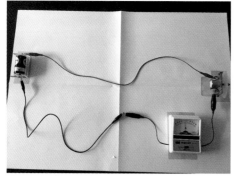

電子メロディーがあった部分にモーターを入れます。この時は検流計をつなぎます。

乾電池の向きを変え、電流の向きを変えるよう指示します。今度は音が鳴りません。LEDと同じで、決まった向きの電流が流れないとはたらかない道具であることを確認します。確認したら電池を元に戻します。

3 モーターをつなぐ

次に、電子メロディーがあった部分の導線を外し、モーターをつなげます。乾電池は1つです。0.5A以上電流が流れるので検流計のつまみを「電磁石（5A）」にします。

乾電池の向きを変え、電流の向きを変えるよう指示します。今度は回る向きが変わります。豆電球と同じで、どちらの向きの電流が流れてもはたらくけれど、電流の向きによってはたらきが変わる道具であることを確認します。

やってはいけない STOP

極性がある LED や電子メロディに逆向きの電流を流しっぱなしにしてはいけません。ダメージを受けてこわれることがあります。

豆電球・乾電池の並列つなぎ

直列つなぎとは違って、電気をつかう道具に流れる電流が変わらない
「並列つなぎ」を学びます。

時間
1単位
時間

ポイント	準備するもの
●並列つなぎは、回路（輪）がいくつもあるつなぎ方であることを押さえます。	豆電球の並列つなぎ（教師分）◎乾電池（2つ）◎豆電球（6つ）◎導線付きソケット（6つ）◎検流計◎洗濯ばさみ（2つ） 乾電池の並列つなぎ（教師分）◎乾電池（4つ）◎豆電球（2つ）◎導線◎ソケット◎検流計

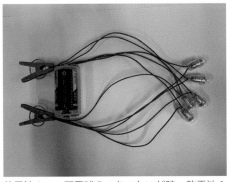

乾電池1つ、豆電球5つをつないだ時。乾電池1つ、豆電球1つの時と同じ明るさで光ります。

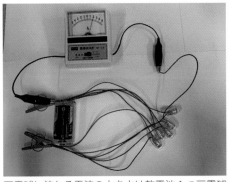

豆電球に流れる電流の大きさは乾電池1つ豆電球1つの時と変わりません（約0.2A）。

◆授業展開

1 **豆電球の並列つなぎ**

子どもたちを集め、乾電池1つ、豆電球1つで回路をつくります。

次に、乾電池1つ、豆電球5つを出し、「乾電池1つで5つの豆電球をこの（乾電池1つ豆電球1つの）明るさで光らせる事はできるだろうか」と聞きます。

ほとんどの子はできないと考えますが、一部できると考える子がいるので、思いつくつなぎ方にしてもらいます。乾電池を中心に回路（輪）を複数つくるようにすると、どの豆電球も光ります。

いくつかの輪ができるようにつなぐつなぎ方を「並列つなぎ」

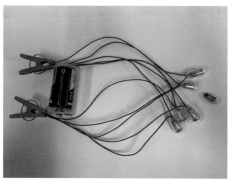

直列つなぎは１つの道具のスイッチが切れるとすべての道具に電流が流れなくなりますが、並列つなぎは１つの道具のスイッチが切れても他の道具に電流が流れます。

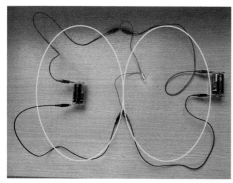

乾電池を並列につなぐと２つの輪ができます。２つの乾電池を豆電球につないだ時も流れる電流は約0.2Aです。

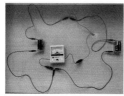

と呼ぶことを教えます。並列つなぎでは、電気を使う道具に流れる電流の大きさは変わりません。

2 乾電池の並列つなぎ

　子どもたちを集め、乾電池２つ、豆電球１つを直列につなぎ明るさを調べます。

　次に、乾電池２つ、豆電球１つを出し、（豆電球のソケットは外したまま）導線で並列につなぎます。回路図も黒板に書き、輪が複数できていることにも触れます。「豆電球は（乾電池２つ、直列と同じように）明るく光るか、（乾電池１つと同じように）暗く光るか」と聞きます。

　意見交換をさせた後、確かめます。最後に、豆電球の並列つなぎのよいところ・よくないところ、乾電池の並列つなぎのよいところ・よくないところを確認します。

学習の
まとめ

豆電球を並列つなぎにすると、どの豆電球もふつうに光りました。でも、乾電池は早くなくなります。
乾電池の並列つなぎは、１本分の電流しか流れませんが、その分長く持ちます。

<table><tr><td>17</td></tr></table>

持ち手で明るさが変わる
ライト（ものづくり）

持ち上げる部分を変えることで、明るさが変わる電灯をつくります。

x

時間
2単位
時間

ポイント	準備するもの
●**持ち上げるところによって違う 回路がつながり、明るさが変わ ることを理解させます。**	（1人分）◎ティッシュ等の空き箱◎乾電池（2つ） ◎電池ボックス（2つ）（ない場合はアルミニウム箔 を固めた物等で代用）◎豆電球（1つ）◎導線（エナ メル線）◎アルミニウムテープ◎アルミニウムの棒 （2本）◎セロハンテープ（またはビニールテープ）

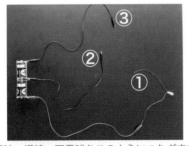

乾電池、導線、豆電球をこのようにつなぎます。

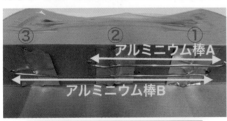

内側の様子（上）と外側の様子（下）

◆作り方

1 箱の裏側上部に3カ所アル ミニウムテープを貼りつけま す。アルミニウムテープの内側 に細くよじったアルミニウム箔 を入れると高さがでて接触しや すくなります（①と③は②より 少し高くします）。

2 アルミニウム棒Aは①と② をまたぐように、アルミニウム 棒Bは①と③をまたぐように通 します。棒を通したら曲げて、 箱の外側で重ねます。

　重ねた部分をテープで固定し ます（取っ手と取っ手が触れて しまう場合は、その部分にも絶 縁のためセロハンテープを巻き ましょう）。アルミニウムテー プとアルミニウム棒が接触して

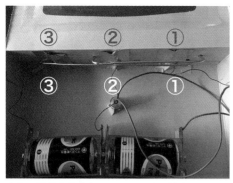

白丸の導線①と赤丸のアルミニウム箔①とをつな
ぎ、テープでとめます。

スイッチになります。

3　回路を箱の中に入れて固定
します。①の導線と①のアルミ
ニウム箔、②と②、③と③をつ
なぎます。導線とアルミニウム
テープはセロハンテープで固定
します。

4　赤の取っ手（アルミニウム
の棒A）を持ち上げると乾電池
1つと豆電球の回路ができ点灯
します。緑の取っ手（棒B）を
持ち上げると乾電池2つと豆電
球の回路ができ、より明るく豆
電球が点灯します。
　取っ手を下ろすと回路が切
れ、豆電球は消灯します。

やってはいけない

　両方の取っ手を同時に持ち上げてはいけません。ショート回路ができるので導線や
乾電池が熱くなります。
　箱の中でショートする可能性があるので、使わない時は乾電池を抜いておきましょ
う。

シミュレーションで
危険な回路を確認

機器を壊す失敗をおそれずに回路づくりになれ親しむことができます。
うまくいかなかった時でも、修正が容易です。

時間
1 単位
時間

ポイント

◉ シミュレーション上の回路なので、ショート回路に
なっても安全です。
◉ 子どもの自由な発想で回路をつくることが可能です。

準備するもの

◎パソコンやタブレット
（スマートフォンも動作
確認済）◎インターネッ
ト接続環境◎ワークシー
ト

実際の実験で危険な行為はさせられませんが、コ
ンピュータ上での模擬体験であれば安全です。好
きなように回路を結ぶ活動を通して、「1つの輪」
に結ぶという感覚を育てます。

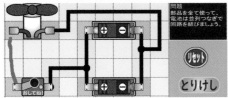

◆準備

1　インターネットに接続して
ソフトのある以下のサイトにア
クセスします。

http://sikoku.jp/2020/kairo

2　ワークシートを「ダウンロ
ードコーナー」から入手します。

◆検流計

検流計のスイッチを間違え容
量オーバーになると、針が大き
く振れ警告が出るので、実物だ
と壊れてしまうことを指導しま
す。

ショート回路をつくる

電池の＋極と－極を
線でつなぐと、「きけ
ん」マークが出て警告
されます。ショート回
路になったらすぐに回
路を切る指導をしま
す。スイッチや検流計
だけとつながず、モー
ター等電気を使う物を
通って－極に戻る回路
をつくることに気付か
せます。

回路を描くためのワークシートを用意して、ワークシート上に、直列や並列など出題に応じた回路を描かせます。それから、コンピュータ上で同じように線をつないでいきます。

ワークシート

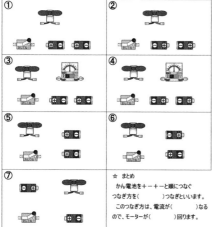

★ 直列つなぎにして、モーターを回そう。

☆ まとめ
かん電池を＋－＋－と順につなぐ
つなぎ方を（　　　　　）つなぎといいます。
　このつなぎ方は、電流が（　　　　　）なる
ので、モーターが（　　　　　）回ります。

柔軟な発想を育てる

　上図にある直列つなぎの7問目は難問です。大人の場合、まず電池の＋極と他の電池の－極とをつなぐことから始めるので、どうしても複雑に長く結ばれた回路になりがちです。一方、子どもの場合、感覚的に4つの部品をシンプルに1重円でつなげてつくってしまいます。スイッチは回路のどの部分に入っても機能しますから、電池と電池の間にスイッチが入っても回路は成立します。

　並列の出題で直列に結ぶなど題意と違うつなぎ方をしても、つなぎ方に対応して正しく挙動してしまいます。

　うまくいくまで修正を繰り返していくことで「プログラミング的思考力」の育成をはかることができます。

直列7問目の答え方の違い
　どちらも正解です。
・大人の解答傾向…複雑

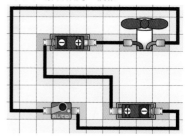

・子どもの解答傾向…すっきり

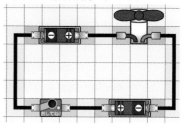

やってはいけない STOP

教師の過度な助言。機器を壊すことはないので、何度でも修正させていきましょう。

家庭で使われる回路は何つなぎ？

充電可能な二次電池（バッテリー）が増え、乾電池を見る機会が減ってきました。ですが、リモコンには乾電池がまだ使われています。ふたを開けて、どんな回路か調べてみましょう。乾電池の＋極と－極が互い違いの向きに収まっています。隣り合っている＋極と－極は金具でつながっていますから、直列つなぎのようです。

ボタン電池で光るライトも電池の＋極と－極が交互に重なって入っていました。これも直列つなぎです。

家庭で使用する電気製品も電流を流すことではたらきを得ている道具です。

乾電池のような直流電流とは異なり、タービンで発電させた交流電流を使用している点や複雑な回路となっている点は違いますが、乾電池・導線・豆電球（モーター）でつくる回路と原理は同じです。

家庭で利用している回路は直列つなぎでしょうか？ それとも並列つなぎでしょうか？

「**11**豆電球の直列つなぎ」のように電気を使う道具を直列につなぐと、つないだ分だけ１つの道具に流れる電流が小さくなってしまいます。これでは道具として機能しません。また、直列につないだ場合、電源をオフにして回路の一部を切ってしまうと、ひとつながりになっていたすべての道具に電流が流れなくなってしまい使用できません。

「**16**豆電球・乾電池の並列つなぎ」のように電気を使う道具を並列につなぐことで、１つの道具の電源をオフにして回路の一部が切れたとしても、他の電気製品を使うことができます。家庭で使用する電気製品は並列つなぎの回路になっているのです。コンセントにプラグを差し込む操作は並列つなぎの回路を増やしていることになるのです。

水をフラスコに入れるには、中の空気を出す必要があります。気体にも体積があるからです。

空気→

4章 ……… 閉じ込めた空気と水

◉これだけは押さえたい

▶ 物には体積があること。見えない気体にもあること。

▶ 物がどかないと、他の物は入れないこと。

▶ 空気は縮むので、体積が減ったり他の物を押し込めたりできること。

◉指導のポイント

▶ 空気が縮むことを扱う前に、空気に体積があることを教えましょう。空気が入っているフラスコに水を入れようとしても、空気が抜けるようにしないと水が入っていきません。このことを通して、空気も場所を取るのだなと実感できるようにします。

こうして、空気に体積があることがわかった上で縮むとわかるから、子どもたちは感動するのです。

▶ 教科書によっては、空気を入れた大きな袋に人が乗るような活動が示されています。それも、「空気にも体積があること」「空気がどかないと他の物は入れないこと」を体感する目的で行います。

▶ 空気にも体積があるとわかると、子どもたちは縮んだ様子を見て、「注射器から空気が漏れている」と言います。そこで、水の中でその実験を行うとよいでしょう。

19

物の体積

物には体積があり、物が1㎤入ったら1㎤出ていくことを理解させます。
空気が縮む学習の前に、物の常識を教えます。

ポイント	準備するもの
● **2つの物が同時に同じ場所にいることはできません（不可入性）。** ● **1㎤の物が入るには、1㎤の物がどく必要があります。**	◎水ようかんの缶等◎油粘土◎定規等◎1㎤の積み木◎金属の塊◎メスシリンダー◎きり◎糸

容器に合わせて粘土をけずっておきます。

積み木を沈めたらもう1度けずります。出てきた粘土を積み木の形にします。

◆粘土に積み木を押し込んでみる

　水ようかんの缶等に粘土を詰め込みます。少しはみ出るくらいに入れます。

　缶の縁に沿って定規等で、はみ出た粘土をけずり取ります。

　1㎤の積み木（算数用の教具）等を提示し、「これを粘土に押し込むと粘土ははみ出るか」問います。

　ほとんどの子がはみ出ると答えますが、積み木と同じだけかと聞くと、あまり自信がもてない様子です。

　完全に押し込めてみると、ほとんどはみ出したように見えません。しかし、定規等でけずり取ってみると、粘土が取れます。その粘土をこねて、積み木の形

2つ押し込めると、ほぼ2つ分の粘土が出てきました。

同じ大きさの木とアルミニウム。

どちらも20cm³増えました。
なお、鉄を沈めるのはやめましょう。さびます。

にしてみましょう。すると、元の積み木とほぼ同じ大きさになります。もう1つ押し込んでみましょう。すると、もう1つ分の粘土がはみ出ます。

◆重い物でやってみる

では、木より重い物はどうでしょうか。3年の重さの実験で使う金属の塊があります。今度は、水に沈めた時（大きめのメスシリンダー）何cm³増えたかを見ます。

木は浮くので、上からきり等で押さえましょう。アルミニウムは糸で縛りましょう。

重い金属なら、押しのける水の量も多くなると思っている子は、少なくありません。しかし、実験結果は、木もアルミニウムも上昇する目盛りは同じです。

学習の
まとめ

先生が、粘土をけずりました。その粘土を積み木の形にすると、ほぼ同じになりました。水に沈めた時には、重さに関係なく体積が増えました。

20

気体の体積（１）

見えない気体であっても、場所をとります。
気体がどかないと、他の物は入れません。

ポイント	準備するもの
◉気体が縮むと教える前に、気体にも体積があることを教えます。 ◉なぜではなく、何が水を入れないようにしているのかを問います。	◎底を切り取ったペットボトル◎水槽（大きめのビーカー）◎ピンポン球等◎ゴム管◎ストロー

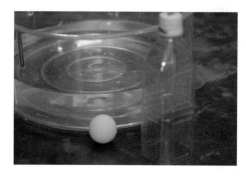

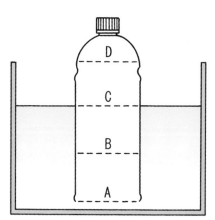

◆ペットボトルの中の水面は？

　底を切り取り、ふたをしたペットボトルを提示し、水槽の水にまっすぐ沈めるとどうなるかを問います。

「この時、ペットボトルの中では、水面はどの高さになるだろう」

　同時に、選択肢を図示します。ペットボトルの１番下をA、水槽の水面と同じ高さをC、その中間をB、水槽の水面の上をDとします。

　予想とその理由として、「水圧がかかって空気が縮む」「お風呂で実験したことがある」という意見等が出るでしょう。

　しかし、実験するとAです。見にくいのでピンポン球を浮かせて確かめても、やはりAです。

水面は一番下です。

ふたを開けると、空気
が出ていって水槽の水
面と同じになります。

空気を吸い出すと、水面は上がります。
吸ったり入れたりして、水面が上下する様子を見
せてもよいでしょう。

◆何が水を入れなくし ているか

　この結果を受けて、「何が水
を入れないようにしたか」を問
うと、空気に注目がいきます。

　水面をBやCにしてみましょ
う。ふたを緩めると、BやCに
できます。その時に、ふたを緩
めると空気が出ることを指摘さ
せましょう。

　しかし、Dにはそれではでき
ません。どうすればよいか考え
てみましょう。

　「ゴム管を使ってペットボトル
の中に直接水を入れる」という
意見が出されるかもしれませ
ん。実際にやってみましょう。
残念ながら、Dにはなりません。
入らないのです。

　正解は、じゃまをしている空
気を抜くことです。

学習の
まとめ

ペットボトルを沈めても、中に水は入りま
せん。空気を抜くと水が入りました。空気
を入れると水は出ます。空気は意外に固い
ように思いました。

21

気体の体積（２）

見えない気体であっても、場所をとります。
気体がどかないと、他の物は入れません。それを強固に理解させます。

時間
1 単位
時間

ポイント	準備するもの

◉ **水の通り道を狭くし、空気と入れ替われないようにして実験します。**

◉ **入った水の体積と出た空気の体積が同じことを確かめます。**

◉ **教師実験でよいです。**

◎ろうと◎ピンチコック◎先の尖ったガラス管◎ゴム管◎ガラス細工のできるバーナー◎フラスコ（２つ）◎水槽◎ゴム栓（２つ）

ガラスがやわらかくなったら、一気に引っ張ると、先が尖ります。

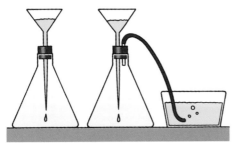

２セットつくっておきます。
（次ページの実験道具を参照してください。）

◆装置をつくっておく

　図の装置を授業の前につくります。ゴム栓に穴をあけて、ガラス管を通せるようにしておきます。１つ目のゴム栓は、穴を２つあけます。

　その穴に合うガラス管を用意し、真ん中をバーナーであぶってやわらかくします。一気に引き延ばすと、先の尖ったガラス管が２本できます。２つ目のゴム栓には、普通のガラス管を通し、ゴム管をつないでおきます。

　この作業ができない場合には、活栓つきろうとを買って使いましょう。

◆水の流れる様子を見せる

54

水は途中で止まります。空気がどかないと、水は入れないのです。最初に少し水か入るのは、空気が縮んだ分です。

泡↓

空気が出ていくと、水が入ります。水を20mL入れたら空気は20mL出ます。

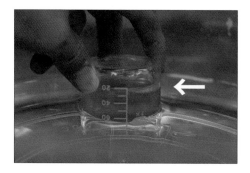

ろうとに水を入れ、ピンチコックを開けると水が流れる様子を子どもたちに見せておきます。

その器具をフラスコにセットして、問います。「今度は、ろうとの水は全部フラスコに入るでしょうか。それとも、途中で止まるでしょうか」

水は重いから入ると言う子もいますが、空気が入っているから入らないと言う子もいます。実験すると、途中で止まります。

◆水を全部入れるには

「水を全部入れるには、どうすればよいでしょう」と問うと空気を出すという意見が出てきますので、2つ目のゴム栓に変えます。ゴム管の先を水槽に入れれば、空気が出ていって水が入ったことが、明確になります。

20mLの水を入れるには、何mLの空気を出す必要があるか、水上置換で集めてみましょう。

やってはいけない STOP

ここで水が入った理由を考えさせてはいけません。次の時間に学習したことを活用し、解決できます。

22

空気を縮める

空気が漏れない条件をつくり、それでも縮むか検証しましょう。
空気が漏れたらわかる条件を設定すると、子どもたちは迷います。

時間
1単位
時間

ポイント	準備するもの

◉漏れないけれど体積が小さくなる事実に触れ
　させます。
◉押すのをやめた時、元の体積に戻ることを体
　験します。

◎水槽◎注射器（浣腸器）

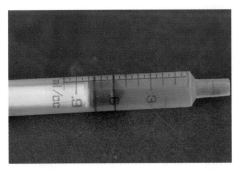

注射器に合わせて、ぴったりの量の空気を入れま
す。これは、6mLです。

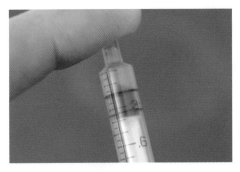

押すと、半分以下の体積になることが目盛りでわ
かります（子どもたちにとって、大きな力が必要）。
漏れているのでしょうか。

　この実験は、気体にも体積が
あるか前項のような学習をして
いるかどうかで、まったく反応
が異なります。学習しているこ
とを前提に、紹介します。

◆空気は押し縮められ
　　るか

　注射器を提示し、課題を提示
します。
「注射器に○mLの空気を入れ
て閉じ込めます。ピストンを押
すと、空気を半分以下の体積ま
で押し縮められるだろうか」
　付け加えの説明をします。
「実験は、水槽の水の中で行い
ます。もし空気が出てきたら、
その注射器は空気が漏れている
のでやり直しです」
　教科書の先読みをしている子
も何割かは、「空気が縮むとい

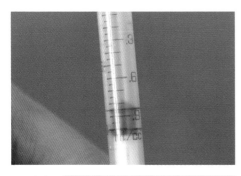

いったん、元の6 mLより多いところまで引っ張ってやると、6 mL近くまで戻ります。

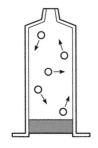 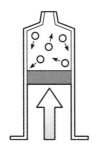

水の中で実験しても、空気が漏れてくるようなことはありません。

空気はなくなっていないのにもかかわらず、粒子と粒子の隙間が一時的に小さくなったのです。粒子の数や大きさは変わりません。（「ものは分子でできている」『おもしろ理科こばなし1』（星の環会）をご参照ください）。

うのは、漏れているからではないだろうか」と迷います。

◆どのくらい縮まるか

　まったく縮まない、ほんの少し縮むというところに、子どもたちの予想が集中します。
「半分以下になるなら、減ってしまった空気はどこへいくのですか」という疑問が出されます。空気の体積を学習している成果です。
　しかし、実験すると、漏れていないにもかかわらず半分以下の体積になります。ガラスの浣腸器なら、手を離せば元の体積に戻ります。プラスチックの注射器の場合には、元の体積より少し多めに引っ張ると、元の体積のところまで戻ります。
　学習指導要領解説にある「粒子の存在」を扱い、飛び回る粒子のイメージをここで導入します。

4

閉じ込めた空気と水

やってはいけない

教師だけの実験にしてはいけません。これは、子どもたち1人1人にさせましょう。
元の体積に戻るところまで体験すると、飛び回る粒子のことが実感しやすくなります。

23

水を縮める

見てわかる程度に水を縮めることはできません。
気体は圧縮性に富む特別な存在であることを印象づけます。

ポイント	準備するもの
●空気の時と同じ器具で実験します。 ●空気と違って、縮まないことを確認します。	◎注射器（浣腸器）◎ビーカー

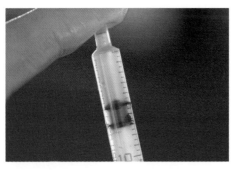

空気を入れると、その分は縮むので注意しましょう。

水を3mL、空気を3mL入れます。ピストンを押すと、水は元の3mLです。

◆水は縮められるのか？

　ビーカーに入れた水から、注射器で水を吸い取ります。空気が入らないように注意します。

　それを提示して発問します。
「ここに○mLの水が入っています。この水を押し縮められるでしょうか」

　ここで、条件をつけておきます。
「注射器が漏れていたら、水が出てくるのでわかりますね。その時には、注射器を交換してやり直しです」

　空気とは違って、こちらは縮まないだろうという意見が出されます。空気のように水も縮むのではないかという意見も出ます。

「縮んだとしたら、その分の水

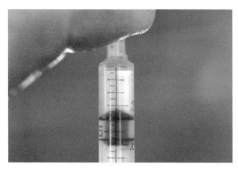

空気だけが縮まっています。

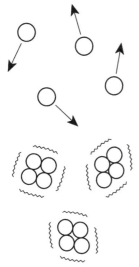

飛び回る気体の分子（粒子）
ジェット機より速いスピードで飛び回っています。
液体は分子がベタベタとくっつき、ウヨウヨ動き回っています。くっついているから縮みません。
固体は分子がガッチリくっつき、ブルブル震えています。くっついているから、縮みません。

なお、温度が上がった時にはどれも膨らみますが、それは分子の動きが激しくなるからです。

はどこへ行くの?」という疑問が出てくるようだと、とても意味のある話し合いです。

実験すると、水は縮められません。あまり強く押しすぎて、プシュッと水が漏れてしまうこともあるでしょう。縮まないことを確かめて、追加の実験の指示をします。

◆水と空気半分ずつなら？

注射器に、水と空気を半分ずつ入れましょう。押すとどうなるかです。

この時、確実に水が○mL、空気が○mLと読んでから実験するようにします。

すると、空気だけが縮んで水が縮まないことが明確になります。

学習の
まとめ

水を注射器に入れて押してみました。10mLの水はどんなに押しても10mLでした。水が出ていかなければ、体積は変わりませんでした。空気は縮んだのに水が縮まないのは、粒子に隙間がないためでした。

閉じ込められた空気と水の体積

ここでは、「空気の体積が縮む」という学習をしますが、その前提として、「空気にも体積があること」を学習してはいません。時間に余裕があれば、体積を測ってみませんか。

ポリエチレンの袋に空気を入れて膨らませ、「この中に何mLの空気が入っていると思うか。どうやって調べるか」と問い

ます。空気の代わりに水を入れて、袋を膨らませます。その水の体積を測ればよいことを伝えます。水の体積を測る道具として、リットルますやメスシリンダーを紹介します。

写真の水は1Lあります。つまり、これぐらい膨らんだ袋には、1Lの空気が入っているわけです。

別な方法でも測ってみましょう。

用意するのは、水槽とメスシリンダー、ポリエチレンの袋、ゴム栓を付けたガラス管です。ガラス管の先にはビニール管等を取りつけておきます。

メスシリンダーに水をいっぱいに入れ、水が漏れないように手で押さえなが

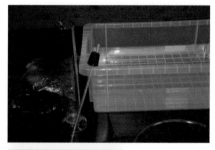

ら、水槽の中で逆さにします。ポリエチレンの袋の空気をガラス管やビニール管を通してメスシリンダーの中にゴボゴ

ボと入れます（水上置換）。すると、水の中なので空気が見えます。空気の体積を、逆さになった目盛りで読みます。

水上置換とは、水と空気を置き換えることなのです。

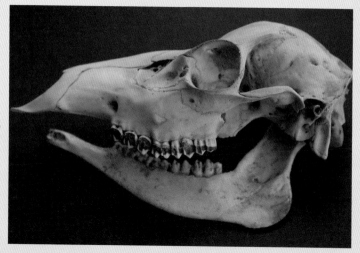

シカ（めす）の頭骨。脳を守るための骨です。顎を動かすための関節があります。顎を動かすための筋肉もついていました。

5章 ……………… 体のつくりと運動

◉これだけは押さえたい

▶ ヒトにはたくさんの骨があり、体を守り、支えていること。

▶ 骨と骨は関節でつながっていて、関節で曲がること。

▶ ヒトの体には骨と筋肉があり、筋肉が縮むことによって体が動くこと。

◉指導のポイント

▶ 生物の学習は、「何のために?」を考えると楽しくなります。「体の骨はどこにありますか」という問いだけでなく、「頭にありますね。それは何のためでしょう」と深めていくことが大切です。ちなみに頭の骨は、運動には関係しません。脳を守るための骨です。肋骨も内臓を守るための骨です。

▶ 体を守るためなら動かす必要はありません。しかし、曲げる必要があるところは、関節というしくみで曲げることもできるようになっているのです。

▶ ミミズのように筋肉だけで動く物もありますが、ヒトは骨と筋肉の組み合わせで体を動かすことができます。腕を触ったり、模型をつくったりして確かめてください。

24 腕が曲がるしくみが よくわかる

時間
2単位
時間

腕のモデルを考えながらつくり、曲げ伸ばしができるしくみを理解します。

ポイント	準備するもの
◉骨と関節があり、筋肉が縮んだり緩んだりして、腕が曲げ伸ばしができることがよくわかります。 ◉友だちと試行錯誤しながらつくります。	◎割り箸（2膳）◎30cmの赤いスズランテープ（2本）◎ビニールテープ◎3cm四方の厚紙◎両面テープ◎はさみ◎カッターナイフ◎セロハンテープ◎ペン◎コンパス

②-1割り箸を合わせる。

②-2ビニールテープできつく巻く。

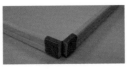
④カッターナイフで切れ込みを入れ、関節を作る。

⑤半分に折ったスズランテープを細長く3回折って、セロハンテープで留める。
↓

⑥コンパスの針を刺し、テープを引っ張って3回裂く。

⑦力こぶができる筋肉（上腕二頭筋）を貼る。

　自分の体を動かしたり触ったりして、体を動かせるのは骨と筋肉があり、筋肉が縮んだり緩んだりして関節が曲がるからであることを押さえておきます。

　それを確認するために、腕のモデルをつくるというめあてをもたせます。

◆つくり方と授業展開

①厚紙に握り拳の絵を描き、ペンでなぞり、切り取ります。
②割り箸2膳の太い方を合わせ、ビニールテープで3重に巻きます（写真②-1、2）。
③その割り箸の一端に両面テープを貼り、①をつけます。
④絵が見えるように置き、つなぎ目の半分にカッターナイフで切れ目を入れて、曲がるようにします。すると、子ども

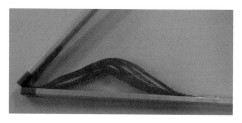

腕を曲げると、いい感じの力こぶができるが…。

そこで、下の筋肉（上腕三頭筋）をつける。

腕を伸ばしたまま貼ると、腕のモデルは曲がらない。試行錯誤（貼り直し）をする。

腕を曲げて下の筋肉を貼るとよいことに気付く。

上の筋肉が縮む（下の筋肉は緩む）と腕が曲がり、下の筋肉が縮む（上の筋肉が緩む）と腕が伸びることがよくわかり、どの子も笑顔がいっぱいになる。

たちは「関節で曲がる」と言って喜びます。「でも、何か変？」と問うと「筋肉がない」と答えるでしょう。

⑤⑥の写真のように「筋肉」を加工します。

⑦スズランテープで作った筋肉の一端を関節の少し上にセロハンテープで貼り、伸ばした状態の位置にもう一端も貼りつけます。拳を持って曲げると力こぶが出て喜びますが、「筋肉が縮んで動くのでは？」と言うと、筋肉を縮ませて腕を曲げ始めます。すると、「もう1つ筋肉が必要だ」と気付きます。そこでもう1本、スズランテープを渡し、「これで筋肉が縮んだり緩んだりして腕が曲げ伸ばしできるモデルをつくろう」と言うと、子どもは夢中でつくり始めます。

やってはいけない

モデルの完成だけを評価してはいけません。自分の腕と比べ、その動きを理解することに重点を置きましょう。

25

骨と筋肉（1）

触って想像する筋肉の伸び縮みを、腕の関節模型を見てわかるように
なります。

ポイント	準備するもの
◉腕の筋肉の伸び縮みの部分の模型と、腕を触ることで調べます。	◎割り箸（２膳）◎ガムテープ（黄色）◎荷造り用PPバンド

【つくり方】

1. 関節部分をつくります。

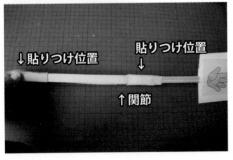

↓貼りつけ位置　　貼りつけ位置↓

↑関節

◆つくり方

①腕の骨にする２膳の割り箸を、太い方を約１mmの間隔をあけてガムテープの上に置きます。ぐるっと巻いて、関節部分のできあがりです。

　ここは動くところなので、丈夫につくるために、ガムテープは10cm程度に長く取ります。

②上腕二頭筋（力こぶ）部分にあたるPPバンドを写真の２カ所にガムテープで貼りつけます。必ず、2膳の割り箸を伸ばした状態でこれを行います。

③上腕三頭筋部分を取りつけます。こちらは、必ず２膳の割り箸を折り曲げた状態で取りつけます。

2. 上腕二頭筋（力こぶ）は、関節を挟んだ2カ所に貼りつけます。

3. 上腕三頭筋部分は、折り曲げた状態で取りつけます。

腕を伸ばした時に縮んで膨らみます。

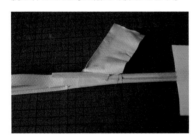

4. ストッパーを取りつけます。

　こうすることにより、腕を伸ばした時に縮んで膨らみます。

④関節が逆に曲がらないようにストッパーをつけます。写真のように、2つに割って半分に切った割り箸を貼りつけるだけです。

⑤指を描いた紙を先端部分に貼りつけます。

◆確かめる

　腕を曲げた時、力こぶができています。これを、「筋肉が縮んで膨らんだ」と言うことを確認します。

　腕を伸ばした時、模型では反対側の筋肉が縮んで膨らんでいます。それを、腕を触って固くなっているかで確かめます。

野呂茂樹「腕が曲がる様子」『理科実験の教科書 4年』（さくら社）を参考にしました。

やってはいけない

　模型を操作することだけで終わらせてはいけません。
　模型を見るだけで終わると、「筋肉が縮んで膨らむ」ということがわかりません。膨らんでいるだけのように見えます。実際に筋肉が固くなっていることを触って、「なるほど縮んでいる」と確かめます。言葉と現実を合わせながら指導します。

26

骨と筋肉（２）

身近な昆虫にも骨と筋肉があるから動ける、という見方ができるようにしていきます。動物の骨や筋肉を調べる前段として行います。

時間
1単位時間

ポイント

- ◉「運動するなら骨と筋肉がある」と考える機会をつくります。
- ◉教科書や図鑑等でいろいろな動物の骨と筋肉について調べる時間を取ります。

準備するもの

◎昆虫◎実物投影機◎図鑑◎パソコン、タブレット端末等

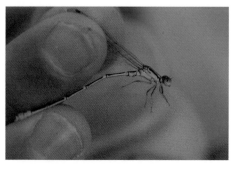

昆虫（写真は、オオイトトンボのおす）を提示します。足を動かしたり、腹を動かしたりする様子を見せます。

話し合いの時に、「動くのはなぜか」「骨と筋肉がないとすれば、どうやって動くのか」と、問い返していきます（子どもからそんな質問が出るのが、理想です）。

骨や筋肉を見たことがないけど、なければ動けないので困ったな、という意見が多くなったところで説明します。

昆虫を解剖して筋肉が見えるウェブサイトもありますが、「カブトムシ　レントゲン写真」で画像検索し、拒絶反応を起こさない画像を提示することをおすすめします。

生きている昆虫が用意できない場合には、動画で昆虫の動いている様子を見せます。「NHK for School」等の１〜２分ほどの動画を見せます。ようは、昆虫が動いているところを見せるのです。それで課題を出します。

「この昆虫に、骨と筋肉はあるでしょうか」

ノートに課題と自分の考えを書かせます。数分後に発表させます。

「トンボに骨があるなんて、見たことがない」

「見たことはないけど、羽を動かして飛ぶので、羽を動かす筋肉があってもよいと思う」

「どうやって動くのかな」

【説明】

「みなさんは、カニを食べたことがありますか。カニの殻を割

カニの筋肉を私たちは食べています。殻（骨）が
あるから力強い動きができます。
トンボは羽を動かす胸に強い筋肉があります。

これは交尾で
はありません。

これが交尾。

カマキリ。腹
を曲げて産卵。

ると、中に身が入っています。カニには背骨がありませんが、この殻が骨です。そして、身が筋肉です。皆さんが食べているのは、カニの筋肉です。先ほど見たオオイトトンボも同じで、外側の殻が骨で、中に筋肉が入っています」

　カニの甲羅は、内臓を守る骨です。守るための骨には、関節がありません。

「昆虫の腹には、節があることを3年生で勉強しました。どうして節があって曲がるようになっているのでしょうか」

　この問いは、議論させるためでなく、興味をもたせるためだけの問いです。交尾や産卵の時に腹を曲げる必要があることを教えます。

　残りの時間は、教科書や図鑑等で、いろいろな動物の骨と筋肉を調べさせます。

やってはいけない

教師が未確認の画像を子どもに見せてはいけません。事前に確認を。

マグロの刺身も考えながら食べよう

マグロは、高速で泳ぎ続けている魚です。どうやって泳いでいるのでしょう。

まずは、

「ひれを動かして泳ぎます」

という答えが考えられるでしょう。その答えをさらに深めてみましょう。

「マグロは泳ぐ時、水の抵抗を少なくするため、背びれ、胸びれ、腹びれ等をたたんでしまえるような構造になっています。胸びれは出しているだけで、ジェット機の翼のようにして、バランス取りをしています。いったい、どのひれを動かすのでしょうか」

こう問われると、金魚とは違うなと改めて思います。金魚は胸びれを動かして進むこともあるからです。

「あっ、尾びれを動かすのかな」

「そうだ、マグロには大きな尾びれがあったぞ」

そうです。マグロは、尾びれの動きで素早く泳げるのです。

さあ、尾びれを動かして泳ぐことがわかったら、そのしくみをもう1度考えてみましょう。

体を動かすには、骨と筋肉が必要です。

それでは、まず、尾びれを動かす骨は何でしょう。

「体の中心の背骨でしょう」

「そうですね。胸びれだと、丈夫な骨に支えられてないから、強い力は出せないわけですね」

マグロの体を動かす骨は背骨とそれにつながる中骨です。次は、それらを動かす筋肉を考えましょう。

「マグロの背骨についている筋肉というと…何？」

「ひょっとして、刺身や寿司で食べているところ？」

そうです。私たちには美味しい刺身でも、マグロにとっては泳ぐための筋肉なのです。

背骨に近い中心部の筋肉は、脂肪が少ない赤身です。背骨から外れたところにある腹や背びれ近くの筋肉は、脂肪分を含んだトロになります。

刺身は、魚の体から骨を取り除いた筋肉なのです。

輝く冬の星座と木星、土星

　人の網膜は、暗いと色の判別ができません。冬の星座には明るい星が多いので、色を観察させるにはもってこいです。

　写真の右端の明るい星は「木星」です。木星の右斜め上の星の集団が「すばる」です。このように惑星は星空の目印になります。

6章 ·························· 月と星

◉これだけは押さえたい

▸ 月は、日によって形が変わって見えること。

▸ 月は、1日のうちでも時刻によって位置が変わること。

▸ 空には、明るさや色の違う星があること。

▸ 星の集まりは、1日のうちでも時刻によって、並び方は変わらないが、位置が変わること。

◉指導のポイント

▸ 指導要領に示された、「月の位置の変化や時間の経過に着目して、それらを関連づけて、月の見え方を調べる」ことは、宿題の観察では難しいです。昼の月を使って、教師と一緒に観察しましょう。

▸ 家庭での観察を宿題にする時も、教師の観察をもとに、十分な指導をするとともに、保護者の協力をうまく得ながら行ってください。安全への配慮が何より大切です。

▸ 星空観察の道具をつくったり、月や星のお話をしたりと、子どもたちが観察したくなるような、きっかけづくりも工夫しましょう。

27 月の観察指導
（月のスケッチ）

全員のスケッチを比較すると、地上の風景が違っても同じ位置に月があります。月のスケッチができることによって、星の記録もできるようになります。

時間
30分

ポイント	準備するもの
●観察の練習をしてからスケッチさせます。 ●観察の練習は昼の月で行います。	◎方位磁針◎記録用紙◎クリップボード◎筆記用具◎観察する月の情報

　新月と満月の前後数日を除けば、月は昼に観察することができます。満月から数日たった、午前中に西の方に沈む月を利用すると、次の「月の観察指導（下弦の月の動き）」にスムーズにつながります。

方位磁針の使い方（方位の測り方）
・測ろうとするものにへそを向けます。
・手の平に方位磁針を水平に載せます。
・針の北（赤や青の印）に文字盤の北を合わせます。
・へその向いている方位を読みます。

観察する月の情報は、国立天文台 https://eco.mtk.nao.ac.jp/koyomi/や新聞等から得られます。

◆授業展開

[1]　**目印になるものを指示して**
「月はあの木のどちら側に見えますか」
　右、上、左など児童の答えは、立っている場所によって異なります。
　教師の「すべて正解です」に児童は驚きますが、実際に場所を変えて確かめると納得します。

[2]　**方位磁針の使い方を確認**
　3年生で習っていますが、一緒に行って、確実に定着させます。

[3]　**方位磁針で月の方位を確認**
　校庭のいろいろな場所で確認
　どこでも方位は変わりません。

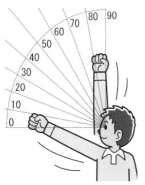

・腕を伸ばした時、握り拳の小指から親指の付け根までが約10度になります。90度を見るためには、体をのけぞらせる必要があります。

木の高さ（高度）は、測定する場所で変わります。

月のスケッチ例

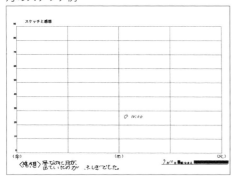

④　月や星の高さは何で測る？

　高度は、角度で測ること、体を使ってだいたいの角度を測ることができることを教えます。

⑤　校舎や木等を指示して

「何度になりますか」木の高さを測ってみましょう。

　30度、40度、60度など、児童の答えは立っている位置によって異なります。

　教師の「すべて正解です」に児童は驚きますが、実際に場所を変えて確かめると納得します。

⑥　月の高度を測定

　校庭のどこで測っても、高度は変わりません。

⑦　再度月を観察して、記録用紙にスケッチ

　月の形や水平に対する傾きまで記録している児童をほめます。

　続けて「28月の観察指導（下弦の月の動き）」を行ってもよいです。

学習の まとめ

校庭のどこで観察しても、月は同じ位置に記録されます。
地上の目印になる木や建物に対しては、立つ位置が変わると月の位置も変わります。

28

月の観察指導
（下弦の月の動き）

時間
1回目の観察
10~20分
2回目
30分

下弦の月の動きを全員で観察します。
南から西の空にかけての月の動きを観察用紙に記録します。

ポイント	準備するもの
◉満月から数日たつと、登校時に南から西の空にかけて月が見えるようになります。満月から1週間程度で下弦の月になります。	◎方位磁針◎記録用紙◎クリップボード◎筆記用具◎観察する月の情報（前項27参照）

※下弦の月が沈む時刻は9時半くらいから午後1時と、季節によってかなり違います。逆算して、月が沈む2時間くらい前に最初の観察をします。

月のスケッチ1

予想を書き入れたスケッチ

> 西に沈むと思います。最初の位置は、東の方に戻っていると思ったので直しました。

予想を訂正する場合、前の考えは消しません。

※月が沈む西の空が校舎でかくれる場合は、校舎の中や屋上からスケッチします。校舎の屋上でも校庭でも観察結果は変わりません。

◆授業展開

1 月のスケッチをさせます。
　※指導法は、「27 月の観察指導（月のスケッチ）」参照。

2 正しくスケッチされているか、月の位置を確認します。

3 1時間後に、月がどちらに動いているか予想させ、その位置に月を書かせます。

4 どうしてそのように動くと予想したか発表させます。
　※考えた根拠を確認します。

5 友だちの発表を聞いて、再度予想させます。

月のスケッチ2

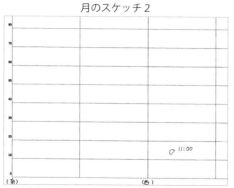

西に沈むと予想した児童は、かなり北寄りに沈む月（秋）に驚きます（春は、南寄りに、夏至、冬至のころは西に沈みます）。

2回の観察結果

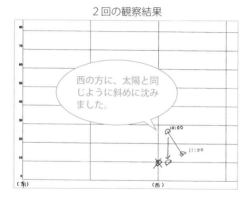

西の方に、太陽と同じように斜めに沈みました。

6　1時間後、新しい観察用紙を渡して、月のスケッチをさせます。

※月の位置が予想通りでも、傾きが違うことが多いので、新しい紙を渡します。

初夏の下弦の月は、横になったように沈み、晩秋の下弦の月は立ったような形で沈みます。

7　5で予想を書き入れた用紙に、色を変えて6の観察結果を写しとらせます。

8　予想の考察と、2回の観察からわかったことを書かせます。

9　スケッチした2つの月の中心を線で結び、移動した方向を確認します。

季節による南中高度の変化

	上弦	満月	下弦	新月
春分	高	中	低	中
夏至	中	低	中	高
秋分	低	中	高	中
冬至	中	高	中	低

南中高度が高いと、空に出ている時間が長くなります。

学習のまとめ

月は欠けた方を下にしながら沈みます。
西の方に沈みます。しかし、真西より北の方に沈みました。（秋）
（真西より南の方に沈みました。（春））

29

月の観察指導
（上弦の月と満月、三日月の動き）

上弦の月の動きを全員で観察します。東から南の空にかけての月の動きを観察用紙に記録します。家でも正確な観察ができるように指導します。

ポイント	準備するもの
◉下弦の月から2週間程度で上弦の月になります。上弦の月の出は、10時ころから午後1時半と季節によってかなり違います。 ◉新聞等の月齢7～8を目安にします。	◎方位磁針◎記録用紙◎クリップボード◎筆記用具◎観察する月の情報（**27**参照）

月のスケッチと予想

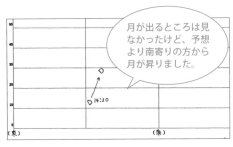

月が出るところは見なかったけど、予想より南寄りの方から月が昇りました。

2回目の観察結果

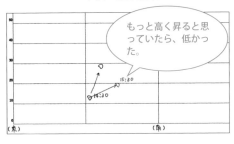

もっと高く昇ると思っていたら、低かった。

※月が昇る東の空が校舎でかくれる場合は、校舎の中からスケッチします。校舎の屋上でも校庭でも観察結果は変わりません。

◆授業展開

どのあたりから昇ってくるか予想、発表させた後、前項の「**28** 下弦の月の動き」授業展開①～⑨と同様に、最初の観察、予想、予想の発表、修正、2回目の観察、観察結果の処理、考察を行います。

※児童は、下弦の月とは逆にかなり南寄りから昇る月（秋）に驚きます（春は、北寄りから）。

夕方の月の予想

低いまま動くと予想しました。

・夕方の月と、そこから１時間後の位置を予想させます。

・新しい観察用紙を渡して、家での観察の指示をします。

※子どもと同じ時間帯に教師も観察し記録しておくことが大切です。

満月、三日月の観察

三日月は、昼間も見えていますが見つけるのが困難なため日没後に気付きます。（西の空）

満月は、夕方東の方から昇り明け方西の方に沈みます。

そのため、どちらの月の観察も、宿題として保護者と行うことになります。

満月は、上弦の月の観察と同じように予想まで指導してから、観察を宿題にします。

※満月は、時刻によって模様の傾きが変わります。

・宿題の処理：家での観察結果を「夕方の月の予想」に写し取らせ、考察を行います。

・三日月の観察は、上弦の月の学習前になるので、夕方探してスケッチしてくることを宿題にします。

夕方の満月　　　　真夜中の満月

春　　　　　　　秋

※春の三日月は、横になって沈み、秋の三日月は、立って沈みます。

やってはいけない STOP

■子どもだけで観察させない

　夜、子どもだけで観察させてはいけません。安全はすべてに優先します。事前に保護者向けの文書を出して協力を呼びかけるとよいでしょう。

■スケッチの指導をせずに宿題にしない

　地上のものを書いてからスケッチすると、頭の位置が少し違うだけで月の位置は大きく変わります。１時間後に同じ頭の位置からスケッチすることは、かなり困難です。

30

星の観察指導
（夏の大三角）

十分指導したうえで、家庭の協力を得て観察を宿題にします。星空定規の活用で、星の並びが変わらないことの確認や星の位置関係の記録が簡単にできます。

ポイント	準備するもの
◉星空定規で実際の大きさを把握します。 ◉星の位置関係は、星空定規で記録します。 ◉保護者の協力を得ます。	◎方位磁針◎星空定規の材料（Ａ４クリアホルダー0.2mm以上の厚い物、油性サインペン、線香、蓄光ペン・蓄光塗料）

夏の星空定規の型紙

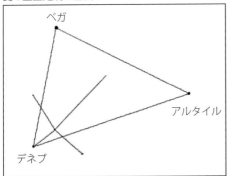

型紙は、使用するノートや記録用紙に合わせて、適当な大きさに拡大してもいいです。

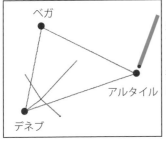

火のついた線香で穴をあける（線香をあまり押し込まないのがこつです）。

◆事前準備

・左図の型紙を人数分印刷します。

・クリアシートをつくります。型紙の大きさに合わせて、クリアホルダーを切ります。

　クリアホルダーは、Ａ４×２枚でできているので、左図の大きさで、およそ30枚取れます。

◆工作指導

①型紙の上にクリアシートを載せて、油性サインペンで星を写します。

②星を直線で結びます。

③火のついた線香で、１等星の位置３カ所に穴を開けます。
　※火傷に注意

④穴の周りに蓄光ペンで、蓄光塗料を塗って完成です。

スケッチの例　夏の大三角だけでもいいです。
・6月頃の東の空

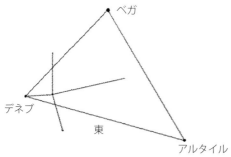

・9月頃　空の高いところにあるため、どちらを
　向いて観察するかで記録が変わります。

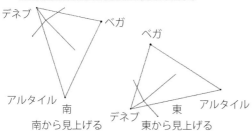

南から見上げる　　東から見上げる

・12月頃の西の空

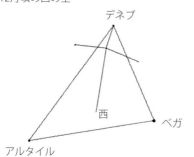

◆観察指導

・月の指導を参考にして、方位・
　高度の測り方を確認します。
・蓄光塗料は、光をためること
　ができ、強い光を当てておく
　と暗いところでもしばらく
　の間光っています。
・夏の大三角は、6月から12
　月頃まで、観察できます。今
　夜どちらの空に見えるか教
　えます。
・方位磁針で方位を確認します。
・目から6cmくらい星空定規
　を離すと、3つの穴に星がう
　まく入ります（型紙を2倍の
　大きさにした時は、13cmく
　らい離す）。
・星空定規を動かして、3つの
　星を合わせ、夏の大三角がど
　のように傾いているか調べ
　ます。
・ノートに3つの点を、傾きに
　注意しながら、星空定規の穴
　を利用して記録します。
・高度と方位を記録します。

やってはいけない

■子どもたちだけで観察させてはいけません
　安全を考え、保護者と一緒に観察させましょう。

31

星の観察指導

（冬の星）

時間
星空定規の
作成・指導
30分
家庭での
観察
10分

十分指導したうえで、家庭の協力を得て観察を宿題にします。
星空定規の活用で、星の並びが変わらないことの確認や星の位置関係の記録が簡単にできます。冬は星の色を確認させやすいです。

ポイント	準備するもの
◉星空定規で実際の大きさを把握します。 ◉星の位置関係は、星空定規で記録します。 ◉冬の星で星の色の確認をします。 ◉保護者の協力を得ます。	◎方位磁針◎星空定規の材料（A4クリアホルダー 0.2mm以上の厚い物、油性サインペン、線香、蓄光ペン・蓄光塗料）

冬の星空定規の型紙

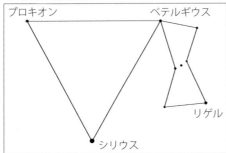

冬の星空定規は、夏の星空定規の1.4倍の縮尺になっています。両方の縮尺を同じにしたい場合は、夏の星空定規を1.4倍拡大してつくってください。

※児童に実際に定規を動かして観察の仕方を指導すると、空間の広がりの理解も深まります。そして観察後、再度児童にどのように見えたか説明させると効果的です。

◆冬の星空定規の制作

①左図の型紙を使って、つくり方は前項「**30** 星の観察指導（夏の大三角）」を参考に制作してください。

②9つの星、すべてに穴をあけます。

◆観察指導

「星の観察指導（夏の大三角）」を参考に観察の指導をします。

・冬の星空定規は、目から9cmくらい離すと、それぞれの穴に星が入ります。

星の色の観察例

シリウス	白
プロキオン	薄黄色
ベテルギウス	赤
リゲル	青白

スケッチの例

12月中旬
19時の東の空

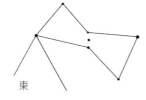

東

2月中旬
19時の南の空
（12月中旬
23時の南の空）

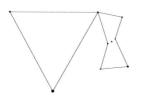

南

12月上旬のオリオン座の動き

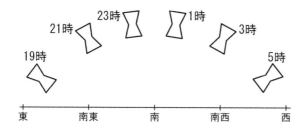

21時　23時　1時　3時

19時　　　　　　　　5時

東　　南東　　南　　南西　　西

1　星の色の観察

　網膜にある色を感じる細胞は、ある程度強い光でなければ色を区別できません。冬の星空は明るい星が多いので、色を観察させるにはもってこいです。双眼鏡や天体望遠鏡を使うと、より色がはっきりわかります。

2　星の動きの観察

　天の南極は、南の地平線の数十度（緯度分）下にあります。ここを中心に、南の空の星は動きます。天の赤道は、真東から南の空を通り、真西に伸びています。ぴったり180度です。

　オリオン座の三ツ星は、天の赤道のすぐ下にあるので、オリオン座は一定時間の星の動きの観察に適しています（1時間に15度動きます）。

やってはいけない
STOP

■子どもたちだけで観察させてはいけません
安全を考え、保護者と一緒に観察させましょう。

目印があれば、星座探しは簡単

星座は、春の大三角、夏の大三角、秋の四辺形、冬の大三角といった比較的明るい星たちを手がかりに探すと、見つけやすいです。

季節ごとに、1つの目印を覚えるだけなので、星座探しは、そんなに難しくはありません。しかし、実際には、1つの勘違いと、惑星のせいで難しくなっています。

❶大きな勘違い

冬には、冬の星座しか見えないと思っていませんか。12月中旬の夜8時頃、東の空にオリオン座が、西の空には、夏の大三角が見えています。冬に夏の大三角。信じられないかもしれませんが、本当の話です。

季節の星座とは、暗くなって星がはっきり見えるようになった頃、南の空に輝く星座のことです。

天の赤道は、1周360度。4つの季節で分けると90度になります。真ん中に夏の星座が見えている時、西側の45度は春の星座、東側の45度は秋の星座が見えています。

つまり、南の空を観察すると、いつ観察しても、複数の季節の星座が見えています。さらに北の空では、北極星の周りの星座は1年中見えています。

❷惑星は、惑わす星？

地球以外に7つの惑星があります。水星、天王星、海王星は探すのが難しいです。金星は、地球より内側を公転しているので、明け方の東の空と夕方の西の空にしか見えません。星座探しを複雑にしているのは、火星、木星、土星の3つの明るい惑星です。常に位置が変わるため、星座探しを混乱させています。

しかし、ピンチはチャンス。毎月の惑星の位置と星座探しの目印は、国立天文台の、「ほしぞら情報」
https://www.nao.ac.jp/
astro/sky/
でわかります。明るい惑星を目印にして星座を探すこともできます。さらに、ここには、日食や月食、流星群といった、子どもたちがワクワクするような星空の情報もあります。

水の体積が増える
ことは、フラスコ
で実験してもわか
ります。

7章 ············· 物の温度と体積

◉これだけは押さえたい

▶ 固体、液体、気体にかかわらず、物は温度を上げると体積が大きくなること。

▶ 固体に比べて液体、それより気体の方が、体積の変化が大きいこと。

◉指導のポイント

▶ 「どんな物でも温度が上がると体積が増える」という学習を、固体（金属）から始める流れと、気体から始める流れがあります。この本では、あえて液体から始める流れを提案します。理由は、体積が増えることと、体積が増えても重さが変わらないことを示せるからです。ある一定の割合の子どもたちは、体積が増えたとき、重さも増えているのではないかと思っています。

▶ 気体の体積変化は大きいのですが、それは他の物と同じ温度の上げ方をした時にわかります。この本では、条件を同じにするため、水も空気も実験用ガスコンロで加熱する実験を載せています（ただし、空気については教師実験）。

▶ 加熱器具を正しく使えるようにすることも、ここでの大事な指導のポイントです。金属を熱する時には、火傷に注意させましょう。

32

絶対に火傷をしない マッチのつけ方

言葉を唱えながら動作することで、安全に確実に火をつける方法を
身に付けます。

時間
1単位
時間

ポイント	準備するもの
◉火に対して恐怖心の強い子には、教師が一緒につける練習をするなど、配慮が必要です。	◎マッチ◎燃えさし入れ（水を入れる）◎濡れ雑巾

燃えさし入れと濡れ雑巾があることを指さしで確認します（実演①）。いざというときにすぐに消火できるよう、手が届くところに置いておきます。

実演④。実演③で机と水平になるようにつまんだマッチの頭を、持つ手と反対の手で90度下げます。

◆授業展開

1 **実演**（手順の説明）

　教卓に子どもを集めます。マッチを使うことに恐怖心をもっている子もいるので、「これから教える方法でつけると絶対に火傷しない」ことを伝えます。

　教師が実演しながらやり方を教えます。ポイントは言葉で唱えて動作を行うこと。唱える言葉はテンポのよい内容にします。

　①まず確認

　②マッチを取り出す

　③親指と人差し指でつまむ

　④（マッチの先の）頭を下げる

　⑤中指を添える

　⑥箱を握って縦に持つ

　⑦すり板につける

　⑧勢いよく押し出す

　⑨中指はずして横に持つ

　⑩静かに落とす

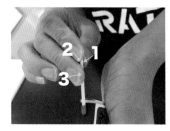

実演⑤。3本の指で持つことでマッチの軸がぶれません。

中指はすぐはずす

火がついたらすぐに炎に近い中指をはずし、2本の指で持ちます。マッチは机と水平にします。

子どもは燃えさし入れに入れる時に律儀に真ん中に入れようとします。そうすると炎が下にくるため、この時が一番火傷しやすくなります。燃えさし入れの縁に載せて落とすだけです。

注意するポイントを伝えながら何度も見せます。繰り返すうちに、子どもたちは動作を真似しながら言葉も唱えます。

炎が大きい時はマッチの先の頭を上に向けること、炎が小さい時は頭を下に向けることも教えます。

2 **練習**

席に戻ったら道具を準備させ、練習です。最初はすり板の反対側を使って、つけるふりで作業させます。必ず言葉で唱えてから動作させます。周りの友だちには、手出しは禁止、口出しは許可します。

3 **本番**

実際に火をつけさせます。この時も手出しは禁止、口出しのみ許可します。

1人3、4回練習すれば、十分に習熟します。

やってはいけない STOP

■**恐怖感をあおってはいけません**

火をつけて怖くなった場合は、机の上に落として濡れ雑巾をかぶせてよいことを伝えます。理科室の机は熱に強いこと、落とした時のために濡れ雑巾があることを伝えると安心して作業ができます。正しく行えば安全です。

33

アルコールランプの使い方

言葉を唱えながら動作することで、安全に確実に火をつける方法を身に付けます。

時間
1単位
時間

ポイント	準備するもの
◉**言葉を唱えることで、何をすべきかが、わかります。** ◉**テンポのよい言葉を子どもと考えてもよいでしょう。**	◎マッチ（使えなければガスマッチ）◎燃えさし入れ（水を入れる）◎バット◎濡れ雑巾

アルコールランプをバットの上で使えば、万が一倒れて炎上しても範囲はバットの中に限定され、対処が楽になります。炎上した際は濡れ雑巾を複数かぶせると消すことができます。

実演①。指をさして確認させます。道具のセットは扱いやすいように近くに置きます。

実演⑪。子どもはアルコールランプの芯に炎を押しつけようとします。炎が触れる程度に横から軽くなでるだけで火がつきます。

◆授業展開

1 **実演（手順の説明）**

教卓に子どもを集めます。

教師が実演しながらやり方を教えます。ポイントは言葉で唱えて動作を行うことです。唱える言葉はテンポのよい内容にします。前項「**32**絶対に火傷をしないマッチのつけ方」に４手順加えるだけです。

（ガスマッチを使う場合は③〜⑩の手順と置き換えます。）

①まず確認

②ふたをあける

③マッチを取り出す

④親指と人差し指でつまむ

⑤（マッチの先の）頭を下げる

⑥中指を添える

⑦箱を握って縦に持つ

⑧すり板につける

実演⑬。ふたは横から静かにかぶせます。上から
かぶせると熱いですが、横からかぶせると熱くあ
りません。慌てずゆっくり操作します。
ふたをしたら、1度開けて消火できていることを
確認します（ふたがガラス製のアルコールランプ
で固着を防ぐためです）。

配置に注意

道具が増えるので、配置が重要です。写真の位置
（左手側）に燃えさし入れを置いていると、マッ
チを消す時にアルコールランプの炎が腕に当たり
ます。
燃えさし入れはマッチを持つ側（写真内人物の右
手側）に置きます。

⑨勢いよく押し出す
⑩中指はずして横に持つ
⑪横からなでる
⑫静かに落とす
⑬ふたをしめる（かぶせる）
⑭消えたか確認
　注意するポイントを伝えなが
ら何度も見せます。繰り返すう
ちに、子どもたちは動作を真似
しながら言葉も唱えます。

2　練習
　席に戻ったら道具を準備さ
せ、火をつけたふりで練習です。
必ず言葉で唱えてから動作させ
ます。周りの友だちには、手出
しは禁止、口出しは許可します
（本番も同様）。

3　本番
　実際に火をつけさせます。練
習と同じようにします。

やってはいけない

上の写真のような配置をしてはいけません。危険を予知する習慣を大切にします。

34 実験用コンロの使い方

コンロの使い方は、教科書を読むだけでは伝わらないので、ポイントを実演して見せます。

ポイント	準備するもの
◉ガスボンベをセットした音を聞かせる。 ◉片付けは、教師の合図を待つことを指導する。	◎実験用ガスコンロ◎ガスボンベ◎金網◎濡れ雑巾

【教師が実演する】

1. ボンベを取りつける音を聞かせます。

ボンベの切れ込みを合わせます。そうでないと、ガス漏れすることがあります。

取りつけた時の音を、確実に聞かせます（必要に応じて、2、3回）。

これができていないと、つまみを回しても点火しません。点火しない原因の半分は、取りつけがうまくいっていない場合です。

◆説明して実演

実験用ガスコンロは、落下などの事故を防ぐために、机の真ん中に置くことを説明します。ノート等を下に置くことなく、水平なところに置きます。もちろん、燃えやすい物は、片づけます。

濡れ雑巾を用意します。これは、火の近くに置くといざという時に使えないこともあるので、机の端の方に置くとよいでしょう。

一番多いトラブルが、ボンベを正しく取りつけられないものです。切り込みを合わせて、「カタン」もしくは「カチン」という音（機種によって異なります）がすることを子どもたちに確かめさせます。

2. 点火して見せます。

カチンと音がするまで、つまみを回します。1度
で点火しない場合には、いったん戻してもう1度
回します。

3. 金網をのせて1分少々待ちます。

火を消して濡れ雑巾を載せると、ジュッと音がし
ます。温度が高い時も、見ただけではわからない
事を示します。

○火がつかない時
火花が飛ばなければ、火花が出るノズルを紙やす
りで磨きます。それでも飛ばなかったら、マッチ
で点火します。

取りつけができていないと、
つまみを回せないようになって
います。それを無理に回すと、
つまみが壊れます。つまみが回
らない時には、取りつけ方が悪
いのだと教えます。

点火したら、必ず立って顔を
火から遠ざけるように指導しま
す。

加熱後は熱くなっているの
で、教師の合図があってから片
づけることを約束します。

○トラブル対応（教師がします）
つまみが壊れたら、接着剤で
補修します。

こぼしたら、水に溶ける物な
ら水洗いをします。よく乾かし、
ガスの通り道が塞がれないよう
にします。

対応してもだめなら、安全の
ために廃棄します。

やってはいけない STOP

消火直後は温度が上がっているので、指示がある前に片づけてはいけません。片づ
ける際にも、濡れ雑巾を使って熱くないことを確かめます。

水の温度が上がると体積が増える

500mLの三角フラスコと実験用コンロがあれば、体積の変化、それに重さが変わらないことを確かめられます。

ポイント	準備するもの
◉ガラス管を使わなくても体積の変化がわかります。 ◉増えた分だけ水をとれば、重さは軽くなります。	◎500mLの三角フラスコ◎実験用ガスコンロ◎金網◎輪ゴム◎スポイト◎自動上皿ばかり◎アルミニウム箔

500mLの三角フラスコに口まで水を入れ、それを実験用コンロに載せます。

フラスコの口にアルミニウム箔でふたをすることで、水の蒸発はないと示します。三角フラスコの底面を均等に加熱するため、金網を使います。

輪ゴムを水面に合わせることで、体積の変化がわかるようにします。

◆授業展開

実験の装置を見せて問います。「温度を上げると、水の体積は増えるか」。

ノートに考えを書かせて、話し合います。物の重さをよく学習してある場合は、「重さは変わらないから、体積も変わらない」という意見が強く出ます。「蒸発して減る」という意見も出ますが、「アルミニウム箔がかけてあるので、出ていかない」と否定させたいところです。

強火で4～5分ほど加熱しないと明確に体積が増えたとわからないので、時間配分を考えて授業をします。

後で重さが問題になるので、1つの班だけは、教師が重さを量っておきます。5gまで量れる物を使いましょう。

温度は40℃ほど。体積が増えたことがわかります。それでも、重さは変わりません。

増えた水をとると、軽くなります。

実験用コンロの使い方を確認して（特にボンベの取りつけ方）実験開始です。

各班の実験の様子を見ながら、安全に注意して行っているかを指導します。

結果がわかったら、火を消してノートに結果をまとめるように伝えます。

重さが変わっていないことを教師実験で確かめます。増えた分をスポイトで取ってしまうと、軽くなってしまいます。

500mLのフラスコを使うから、このような結果が得やすくなります。

※この実験は、山梨県の丸山哲也氏より科学教育研究協議会岩手大会（2014年）で教えていただいた実験です。初出、宮内主斗「物の体積は温度によって変化する。だが、重さは変わらない。」『理科教室』2019年9月号

7
物の温度と体積

学習の
まとめ

温度を上げると、水を足したわけでもないのに体積が増えました。体積が増えたので重さも増えたかと思ったのですが、重さは増えていませんでした。先生が元の目盛りまで水を取ったら、軽くなっていました。つまり、水は増えていないのに、体積だけ増えたのです。不思議です。

36 空気も温度が上がると体積が増える

前項と同じ装置で確認し、体積が大きく変化することを実感できるようにします。

時間
1単位
時間

ポイント	準備するもの

◉最初は、前項と同じ実験装置を使います。

◉「空気は上にいく」ではなく、「膨らむ、体積が大きくなる」とわかるようにします。

◎500mLの三角フラスコ◎実験用ガスコンロ◎金網◎石けん水◎プリンカップ等

10秒で膨らんだのがわかります。

◆授業展開

実験の装置を見せて問います。「温度を上げると、石けんの膜は動くか」

ノートに考えを書かせて、話し合います。「何となく動く」という意見もありますが、「水の体積は増えたから、空気も体積が増えて上に動く」という前の学習を活用した意見も出ます。一方で、「温まった空気は上にいく」と対流と混同した意見も出てきます。これには後で対応します。

10秒加熱しないうちに明確に体積が増えたとわかります。三角フラスコは熱くなっているので、首のところを持ち、逆さにして石けん膜を拭き取ります。熱したフラスコの底に落ち

横に向けることで、空気は上がっていくのではなく、膨らむことがはっきりします。

て、ガラスが割れないようにするためです。

「今度は、石けん膜をつけたフラスコを横に向けて手で温めます。膜は動きますか」

「体積が大きくなる」と考えている子は、自信をもって外側に動くと考えますが、そうでない子もいます。「手で温めたくらいで膨らむの？」と疑問をもつ子もいます。2、3人に意見を言わせて、実験します。

班のみんなで協力し、確かめましょう。

1分以内に外に向けて動きます。水道水で冷やすと、元に戻りますのでもう1度取り組ませましょう。

膨らんだのを確認したら、冷やします。
冷やすと体積は小さくなりました。

✏️ 学習の まとめ

温度を上げると、膜がすぐに上がりました。水よりも体積の変化が激しいようです。手で温めても膨らみました。水で冷やすと体積は小さくなりました。

金属も温度が上がると体積が増える

実験用ガスコンロの強火で熱すれば、3～5分で結果がわかります。
火傷に注意して取り組みましょう。

ポイント	準備するもの
◉輪を通る球は、体積が小さいことをはっきりさせておきます。 ◉冷やすための水を低い位置に用意しておきます。	◎金属膨張試験器◎実験用ガスコンロ◎金属の容器◎自動上皿ばかり（金属製）◎タイマー

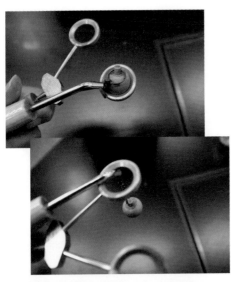

強火で加熱します。

実験の装置を見せて説明してから、課題を出します。「この球はこちらの輪を通りません。しかし、別な輪を通ります。この金属球を実験用ガスコンロで5分ぐらい熱します。輪を通り抜けることはできますか」

ノートに課題と自分の考えを書かせ、話し合いをします。

「何となく通り抜ける」と言う子もいますが、「空気や水のように体積が大きくなって、通り抜けない」という意見も出されます。

それに対し、「本当に金属も体積が大きくなるのか。そんな場面を見たことがない」という意見を期待したいところです。

念のために、教師が重さを量ってから加熱します。1分ごとにタイマーを鳴らし、通らなく

通り抜けなくなったことを確かめたら、
水で冷やします。

なったかを試します。

　3、4分後には、通らなくなりました。重さを量ると、変わっていません。この後、冷やす時の危険性について説明してから、児童実験です。

　金属球は高い温度になっていること。水で冷やす時に、沸騰した水が飛び散ること。この2つを見せておきます。この危険性があるため、水を入れた容器を流し等、低いところに置いておくわけです。

沸騰して、水が飛び散る危険性があります。

柄の部分もよく冷やします。

学習の
まとめ

金属の球を実験用コンロで熱しました。1分ぐらいでは変化はなかったのですが、5分ぐらいで輪を通り抜けなくなりました。金属も体積が増えたからです（重さは同じ）。空気も水も金属も、何でも温度を上げれば体積が増えるのかと思いました。

7

物の温度と体積

93

温度が上がると体積が増える

❶レールの継ぎ目

ガタンゴトンというのが電車の音とされていますが、その音を聞くことは少なくなってきました。

音は、レールの継ぎ目を電車が通る時の音です。昔は25mのレールをわずかな隙間を空けてつないでいたので、そのような音が出ました。

わずかな隙間を空けるのは、温度変化によるレールの伸び縮みに対応するためです。でも、駅でその隙間を見つけられなくなっています。

それは、1本が200m以上のロングレールを使うようになったからです。伸び縮みの影響が少ないように、強固に枕木に取りつけ、枕木も強固に砂利で固定しています。継ぎ目は、斜めに組み合わされ、伸び縮みでずれるだけです。こうして、レールの隙間は見られなくなりました。

❷橋の両端にギザギザ

車道の橋の両端に、ギザギザした模様がついているのに気がついていましたか。

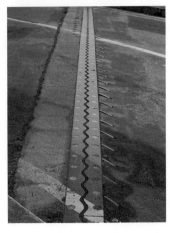

近くに寄って見ると、ギザギザの間には隙間があります。この隙間も、レールの継ぎ目と同じ理由で空けています。

冬に温度が下がっている時には隙間が広がり、夏に温度が高くなっている時には隙間が狭くなります。この隙間がないと、温度の高い時に橋が盛り上がってしまったり、ゆがんでしまったりするのです。

身の周りを探すと、まだいろいろな工夫が見つかるかもしれません。

煙は空気の動きを表しています。

8章 ………………………… 物の温まり方

◉これだけは押さえたい

▶物が温まる時には、触っているところが同じ温度になっていくこと。

▶液体や気体は温まった部分が浮き上がるので回りながら温まること。

◉指導のポイント

▶物の温まり方は、加熱されたところから順番にというのが基本です。まず、金属でそれを確かめましょう。金属以外の固体も順番に温まりますが、伝わり方が金属ほど速くありません。金属にろうを塗ったものを使って、順に温まっていく様子を観察させましょう。

▶液体の場合は複雑です。温まると浮き上がってしまうからです。そのため順番に温まるのではなく、上から温まるようになります。気体も同様です。これらのことを、日常の暖房や冷房の工夫等と結びつけて考えると、楽しくなります。

▶サーモインクやサーモテープを使うと、視覚的に温度が高くなったことがわかりますが、「色が変わった」と表現させるのでなく「温度が上がった」等、温度にこだわった表現のさせ方をするようにしましょう。

38 水の対流

実験用ガスコンロは、対流の実験の時には金網を使わなくても大丈夫な設計になっています。水に入れるのは、タバスコがおすすめです。

時間
1回の実験に
3分

ポイント

◉ **温度が上がらないよう弱火で行います。**
◉ **3分経ったら水を替えます。**

準備するもの

◎タバスコペッパーソース◎300mLのビーカー◎実験用ガスコンロ◎濡れ雑巾◎タイマー

金網は不要

1. 300mLのビーカーに、300mLの水を入れ、タバスコを10滴ほど振り入れます。30秒ほど待ち、タバスコの成分がだいたい沈んだら、点火します。

2. 実験用コンロを使って、弱火で加熱します。この時、ビーカーの端を加熱します。点火後、約1分でぐるぐる水が回る様子が見られます（最初はビーカーの外側が曇ります）。

◆授業展開

① ビーカーの水を見せながら、課題を提示します。
「水を加熱すると、金属のように、順番に温度が上がっていくだろうか」

② 自分の考えをノートに書かせますが、根拠になることが少ないので、あまり時間をかけません。「上の方から温まる」という意見が出たら、「上に動くことがあったら、目に見えてわかるようなものを入れて実験する」とタバスコを紹介します。

　左に書いた分量は、いろいろ試して最も見やすい量です。ぜひこの量を試してください。

96

3. 逆回転させます。ビーカーを滑らせて動かし、
反対側を加熱します。少々時間はかかりますが、
逆回りになります。

ビーカーの真ん中を加熱することは、おすすめし
ません。真ん中から上がっていき端の方に降りて
いく2つの円が見える確率はあまり高くないから
です。
・ビーカーがくもったら、濡れ雑巾で拭いてくだ
さい。

※タバスコの使用は、北海道の北山郁美氏考案（左
巻健男・市村慈規編著『小4理科授業完全マニュ
アル―最新』（学研））

③　次に、反対側を加熱し、逆
回転させましょう。ビーカーの
水の温度が上がっていますの
で、念のため、濡れ雑巾を使っ
てビーカーを持ち、動かすよう
にします（写真3）。

④　逆回りをさせたら、だいた
い3分ぐらい経ち、水の温度も
40℃ぐらいになっています（タ
イマーで3分計っておくとよい
でしょう）。
　もう一度行う時は、水を取り
替え、タバスコを入れ直します。
次の実験は、こうしておくとき
れいに見えます。
　なお、金網を使っても、上手
く回るのが見えます。

⑤　観察した様子を、火を消し
た後にノートに記録させましょ
う。ノートに記録している間に
温度が下がり、安全に片づけら
れます。

学習の
まとめ

水を加熱しました。金属の棒のように、火
の近くから順番に温まってくるのではな
く、温まった水が上に動いて温まるようで
す。次々に上に行き、しばらくすると下に
降りてきてぐるぐる回りました。

39 空気の対流

空気の対流を見るには、空気を線香で加熱し、温度差を大きくするのが
ポイントです。温度の低い物では、うまく見えません。

時間
1回の実験に
1分

ポイント	準備するもの
◉線香で温度を上げます。 ◉実験のたびに空気を入れ換えます。	◎空気の対流実験器（ナリカ製推奨）◎線香◎タイマー◎実験用ガスコンロ

空気の対流実験器

四角い箱に、線香を入れる穴があります。

裏は黒い面で、はずすことができます。

◆授業展開

　空気の対流実験器は、黒い背面と透明な面でできており、線香を差し込む穴があります。

① それを提示して課題を出します。
「この箱の下の空気を、線香で加熱する。空気は金属のように順番に暖まるだろうか」

② 自分の考えをノートに書かせます。「煙は上にいくので、水のように回りながら暖まるのだろう」という意見等が出るでしょう。

　ここで、煙はあくまでも空気の動きを見るための目印と考え、実験することに注意させま

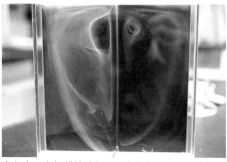

真ん中の空気が熱せられて上昇し、回って降りてきました。

1分ほどで煙でいっぱいになるので、煙を外に出します。

す。

3　まず、真ん中に線香を入れてみます。すると、真ん中をまっすぐに煙が上り、脇から降りてくるのがわかります。水の対流でも、似たような光景を目にしました（線香の火をつけるのに、実験用ガスコンロが便利です）。

4　次に端の空気を線香で加熱したいところですが、その前に煙をいったん外に出します。目安は1分。タイマーで計りましょう。

5　中の空気がきれいになったところで、端の空気を暖めてみます。線香の煙が端の方を上り、回るようにして降りてきます。

6　同様にして、反対側の端でも試してみましょう。

学習の
まとめ

線香で加熱すると、煙がまっすぐに上がり、回るようにして降りてきました。空気の暖まり方も、水と同じように動いて回りながら温まることがわかりました。煙突の煙が上にいくのも、空気が暖まって上に行く様子を表しているのだなと思いました。

物の温まり方は実験の準備が鍵

物の温まり方には、金属（固体）のように、加熱したところから順番に温まるもの（伝導）と、空気（気体）や水（液体）のようにグルグル回って温まるもの（対流）があります。

水の対流なら、本書のタバスコを使った実験が、大変見やすくて好評です。

空気の対流なら、熱源を線香の火とすると、はっきりわかります。

カイロでは、熱源として弱いようです。では、金属が順番に温まる様子は、どうすればよいでしょうか。これについては、あえて本書には収録しませんでした。教科書の実験で十分な結果が出るはずです。

一方で、こんな声があります。
「金属板にろうを塗るのが難しい」「金属に塗ったろうを剥がすのに手間がかかる」

確かに、広い銅板にろうそくをこすりつけるのはやや面倒なので、銅板をガスコンロで少々加熱して、温度を上げてからろうをこすりつけてみましょう。ろうが融けて、作業効率が上がります（火傷に気をつけて、軍手などを利用してください）。

また、この実験に使用した物は、ろうをつけっぱなしにしてよいのです。この実験専用にします。

前のクラスが使ってろうの偏りがあったら、ガスコンロで加熱してうまく整えてやれば、次のクラスでもよい結果が出ます。

沸騰しているのは水ではなく、ろうです。物は固体、液体、気体と姿を変えます。

9章 ………………… 水の姿の変わり方

◉これだけは押さえたい

▶ 物は温度によって、その物は変わらず、固体・液体・気体と姿を変えること。

▶ 水の固体を氷、気体を水蒸気、液体を水ということ。

◉指導のポイント

▶ 多くの子どもたちが、水から出てきた泡を「空気」といいます。理由は、空気以外の気体を知らないこと、水が空気に変わってもおかしくないと考えていること等、いくつか理由があります。

▶ 対策として、いろいろな物の気体を見せることです。アルコールは気体になりますが、空気とは違って燃えます。ろうも、気体が燃えます。いろいろな物が姿だけ変えて気体になることを示して、「水は水のまま気体になる」と考えられるようにしていきます。

▶ 水を凍らせる実験は、分量を量らずに行うと、時間内に凍らないことが多分にあります。ぜひこの本のデータを参考に、予備実験してみてください。

40

アルコールの気化と液化（1）

水の気体（水蒸気）を学習する前に、液体のアルコールが気体のアルコールに変化する様子に触れることで、水の気体をとらえやすくなります。

ポイント

●**子どもたちは空気以外の気体を知らないので、水蒸気を空気と言うのは当然のことと理解しておきましょう。**

●**有毒なメタノールでなく、エタノールを使います。**

準備するもの

（教師用）◎エタノール◎電気ポット◎水◎チャックつきビニール袋（Ｂ５サイズ程度）◎駒込ピペット◎トング等

（児童用・班ごとに）◎チャックつきビニール袋（85×60mm程度の物）にエタノールを数滴入れたもの◎実験用ガスコンロ◎500mLビーカー◎水100mL◎金網◎ピンセット

長い定規を使い空気を追い出します。

トングで押さえます。

液体はなくなり気体でパンパンになります。「ど

◆授業展開

1 チャックつきビニール袋にエタノールを 5 mL入れます。ビニール袋から空気を追い出して、中に液体だけが入っていることを児童と確認します。

2 「このアルコールの温度を90℃に上げたら体積はどうなるか」と問います。選択肢は、

ア、体積は変化しない。

イ、膨張する。

ウ、見当がつかない

となります。

3 予想を確かめるために教師実験をします。ポット（温度が表示される）の湯の中に、エタノールの入ったビニール袋を入

うなった？」と問うと、「空気（気体）でバンパンになった」「アルコールがなくなり空気になった」と返ってきます。
温度が下がると気体はなくなり、もとの状態に戻ります。

児童実験　実験用コンロ使用

水道水100mLを80℃以上に上げるには４分強かかります。あらかじめ50℃程度の水（ポットの湯に水道水を加えた物）を配ると時短になります。

水が沸騰したら火を止め、エタノールの入った袋をピンセットでつまんで入れます。すると、すぐに膨らみます。

ここまでを１単位時間とし、次の時間にこの気体の正体を確かめます。

れると、すぐに膨らみます。ここでは、気体の正体がアルコールであることは児童にはわかりませんから、液体のアルコールがなくなって、袋の中は気体だけになった事実を押さえます。

児童実験でも確かめさせます。

目の前で袋が膨らみます。袋を持ち上げると温度が下がります。すると、気体で満たされた袋は袋の側面に液体がつき（気体から液体に戻る）、気体はなくなり、もとの液体だけ入った袋に戻ります。

やってはいけない

「空気ではありません」と否定してはいけません。次時で納得します。

41

アルコールの気化と液化（2）

時間 10分

前項**40**で発生した気体（液体のアルコールの温度を上げ、出てきた気体）がアルコールであることを確かめます。

ポイント

- ●液体のアルコールから沸騰して出てきた泡（気体）の正体がアルコールの気体であることを確かめます。
- ●前項（**40**）の実験を確認した後の学習です。
- ●毒性のあるメタノールでなくエタノールを使います。

準備するもの

◎エタノール◎ポット◎水 ◎浣腸器（100mL）◎シリコン管◎クリップ◎1000mLビーカー◎ガスマッチ◎濡れぞうきん

【実験の方法】

エタノールを吸い上げたら、ひっくり返し…

空気を追い出して栓をします。

◆授業展開

1 浣腸器にエタノールを10mL入れ、左のように閉じるところを見せます。子どもたちと「浣腸器の中には液体のアルコールだけがあること」「浣腸器には物の出入りする隙間はないこと」を確認します。

2 浣腸器をビーカーに入れ、ポットで沸かしたお湯をかけ、沸騰する様子を見せます。

3 「アルコールが空気に変わったの？ それとも液体のアルコールが気体のアルコールに変わったの？」と質問します。「もしも液体のアルコールが気体のアルコールに変わったとすると、この気体は燃える。出てき

気体が発生し、ピストンが上がっていきます。

・500mL以下のビーカーでは、浣腸器温度が十分に上がらず、アルコールが沸騰しません。1000mLのビーカーを使います。

「空気が出てきた」というつぶやきには「空気が入ってくる隙間はあったかな？」と切り返して、隙間はないことを確認します。

ピストンが外れそうになるところに火を近づけて待ち構え、ピストンを抜き取ると出てきた気体に火がつきます。

た気体が空気だったら、空気は燃えない」と、火を近づけた時の見通しを持たせます（やりとりをしている間に、液体のアルコールは気体のアルコールに変わりピストンが上がっていきますが、手で押さえればピストンがはずれることはありません）。

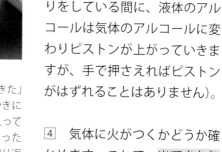

4 気体に火がつくかどうか確かめます。これで、出てきた気体の正体が気体のアルコールであることがわかります。

・この実験は児童実験では行わず、教師の演示で行います。
・濡れ雑巾をかぶせ、消火します。

学習の
まとめ

先生が、アルコールを入れた注射器に、90℃のお湯をかけました。すると、アルコールから気体が出てきました。この気体が何か確かめるために、出てきた気体に火を近づけたら燃えました。この気体はアルコールの気体でした。アルコールは、温度を90℃以上に上げると液体から気体に変わるとわかりました。

42 ろうの気化

時間
5分

固体のろうも熱すると、液体、気体へと変化します。

ポイント

● ろうは冷えるとすぐに凝結するので、試験管全体を熱くします。
● スタンドのはさみの滑り止めが溶けることがあるので、るつぼばさみを使います。
● 教師実験とします。

準備するもの

◎小さめの試験管（外径15mm以下、長さ15㎝以下）◎スタンド◎るつぼばさみ◎輪ゴム◎ガスマッチ◎実験用ガスコンロ◎豆粒ろうそく1つ◎濡れ雑巾

【実験の方法】

1. 試験管に豆粒ろうそくを1つだけ入れます。

2. 試験管の口をるつぼばさみではさみ、試験管が落ちないように輪ゴムで取っ手部分をとめます。

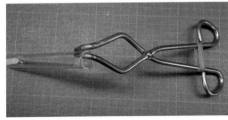

3. それをスタンドのはさみでとめ、角度を立て気味にして固定します。

4. 実験用ガスコンロの五徳のすぐ上あたりに試験管の底がくるようにセットします。

注意：加熱中に突沸することがあるので、試験管の向いている方向に人がいないようにします。ろうを増やすと、突沸しやすくなります。

◆試験管について

試験管は小さくなくてはなりません。口径18mmの普通の試験管では、ろうの気体が口まで上ってくる前に凝結してしまいます。

また、試験管全体が熱くなるように、ほぼ垂直に試験管を立て、人のいない方にやや傾けます。

◆スタンドのはさみについて

最近のスタンドのはさみには、滑り止めのためにラバーが貼ってあったりします。この実験で試験管が熱くなると、ラバーが融けてしまいます。

それを防ぐために、るつぼば

5. 実験用コンロを点火し、最大火力で加熱します。

6. ろうが融けて液体になり、中で沸騰していく（気体になる）のがわかります。
7. 5分くらい加熱すると、試験管の口から白い煙（ろうの気体からできた細かなろうの液体や固体）が出てきます。
8. ガスマッチで点火すると着火することから、この煙はろうであることがわかります。

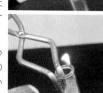

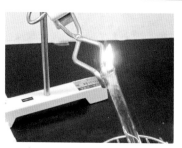

9. ガスコンロを消火すると、ほぼ同時に試験管の火も消えます。

さみで試験管をつかみ、るつぼばさみをスタンドのはさみでつかむという二段構えの工夫をしています。

◆観察のこつ

固体のろうが融けて液体になり、沸騰して気体になっていくことに注目させます。

また、液体のすぐ上が透明なのに、その少し上からは白く曇ります。これは気体のろうが冷えて凝結しているからです。

試験管が温まるにつれ、その白い部分が上に移動していき、口まで到達すると、煙が外に出てくるようになります。

この様子は、水の沸騰と対比させるとよくわかります。つまり、液体のろうの上の透明な部分が気体（水なら水蒸気）、煙がろうの液体や固体（水なら湯気）にあたるのです。

学習の
まとめ

**ろうも温めると、固体－液体－気体へと変化しました。
試験管から出てきた煙に火をつけると燃えたので、出てきた煙はろうが変わったものだとわかりました。**

43 メントールの固体・液体・気体

食品添加物のメントールは融点や沸点が低く、液体にしたり気体にしたりすることができます。

時間
加熱して
沸騰する
まで
1分

ポイント

◉短時間で固体から液体、気体にすることができます。
◉火を消してから匂いを嗅ぎます。

準備するもの

◎実験用ガスコンロ◎試験管◎メントール◎薬さじ◎薬包紙

メントールは固体（別名ハッカです）薬局で購入。
100gで1000円前後。

薬包紙に薬さじ1杯分を載せ、こぼさないように入れます。試験管にこの程度入れます。

◆授業展開

① 試験管に1cmほど入ったメントールを見せ、「この白い物は、固体・液体・気体のどれですか」と問い、固体であることを確認します。

② それを実験用コンロの上にかざす動作をしながら問います。「温度を上げると、この固体は気体になるだろうか」

　ろうが固体から液体、気体になるのだからそれもなる、それはろうと違うからならない、というような意見が出ます。

③ 実験で確かめます。これは教師がやって見せてこつを示しながら児童にも取り組ませます。

火は弱火。五徳の上5cmくらいにする。

試験管を揺らすと、中の物も揺れます。

沸騰しました。

手であおぐように においを調べまし ょう。ハッカのに おいがします。

4　実験用ガスコンロに点火し、弱火で試験管を加熱します。すると、1分ほどで液体になり、沸騰します。メントールは液体になります。振ってみると、確かに液体になったことがわかります（融点42〜45℃）。

5　メントールが無色透明になったら、スタンドを揺らして液体であることを確かめます。

6　その後は各班で実験。「気体になったかどうかは、どうやって確かめればよいか」と発問し、「沸騰すれば気体だ」という意見を引き出します。沸点212℃なので、簡単に沸騰します。

　突沸があると危険なので、火を止めて沸騰がおさまってからにおいを嗅ぎます。見えないけどにおいがするのは、気体が飛んで鼻の中に入ったからです。

※片づけに5分程度はかかるので、余裕をもって時間配分してください。

やってはいけない STOP

　火加減を指導しないで、実験させてはいけません。いきなり沸騰します。また、沸騰したら火を止めるように指導してください。

44

水の気化と液化

空気以外の気体を知らない子は、泡の正体に疑問をもちません。
気体の仲間をある程度押さえてから、実験します。

時間
加熱時間は
10分
以内

ポイント	準備するもの
◉**固体・液体・気体の用語は、ここで使えるようにしておきます。** ◉**「水蒸気」という言葉は、「水の気体」と言ってから使うようにします。**	◎実験用ガスコンロ◎ビーカー（200mL）◎ろうと◎ポリエチレンの袋（高密度）◎細い針金◎スタンド◎濡れ雑巾

【板書】

石の仲間…固まっている―固体
水の仲間…流れる液―液体
空気の仲間…見えない―気体

【装置】

←スタンド

ろうとが完全に水に浸っていることが大切。150mL入れます。
ろうととポリエチレンの袋は、細い針金で強固に縛りつけます。
カサカサする高密度ポリエチレンでないと、途中で穴があきます。

固体・液体・気体の例を挙げさせます。ろうの気体、アルコールの気体、空気等、気体の例を挙げておくことが大切です。

単元の最後に固体・液体・気体を覚えても、活用できません。この授業で「気体」という言葉を使わせます。

◆授業展開

1　実験装置を見せて課題を出します。

「この装置で温度を上げると、空気を抜いた袋は膨らむだろうか」

2　課題と自分の考えをノートに書かせ、話し合いを行います。
「アルコールと同じように膨らむ」
「膨らむ。空気が出てきて膨ら

ポリエチレンの袋は、スタンドで上から吊ります。
火が当たらなくするためでもあります。

強火で5分。どんどん沸騰して気体が出ています
（8分でろうとが動き出すぐらい激しく沸騰しま
した。これ以上は危険）。

膨らんだら、火を止めます。触ると熱い！

袋を濡れ雑巾で
冷やします。す
ると、一気に気
体が液体にな
り、袋はしぼみ
ます。

む」※

「空気は入っていないので、水
がアルコールのように液体から
気体になって膨らむ」

　水が水のまま気体になること
を、それまでの学習があれば子
どもが説明できるようになって
います。

※の意見が出なければ教師から提示
　し、ゆさぶるとよいでしょう。

③　実験で袋が膨らんだら、
①火を止めること、
②袋を触って温度を感じること
を板書します。

④　頃合いを見計らい、「この
袋の温度を下げたらどうなる
か」と問います。
　2、3人に予想とその理由を
言わせてから、冷やします。「気
体の水が液体になるから縮む」
という説明ができるはずです。

学習の
まとめ

水の温度を上げていったら、泡が出てきて、
その気体で袋は膨らみました。それは水の
気体なので、温度を下げるとしぼみました。
空気だったら、冷やしても気体でいられる
はずです。

45

水の液体→固体への変化

水も温度を下げると、決まった温度で固体になることを確かめていきます。
0℃で温度がなかなか変わらなくなるのが、不思議な実験です。

ポイント

◉分量を重さで正確に量ります。
◉1分ごとに試験管を取り出してかき混ぜてから、温度を測ります。
◉約10分で全体が凍って－5℃以下になります。1時間の授業で確実にできます。

準備するもの

◎300mLビーカー◎外径16.5mmの試験管◎氷160g◎食塩60g◎飽和食塩水50mL◎棒温度計◎アルミニウム箔◎タイマー◎割り箸◎駒込ピペット◎自動上皿ばかり

氷（25mm×25mm×30mmほど）を製氷皿から出し、300mLのビーカーに160g入れます。そこに、食塩を60g加えます。
ここまでを、自動上皿ばかりの上で計量しながら行います。
そこに、食塩の飽和水溶液を50mL加え、割り箸でよくかき混ぜます。温度計を入れて、－5℃以下に下がったことを確かめます。
外径16.5mmの試験管に、駒込ピペットで3mLの水を入れます。二重にしたアルミニウム箔を試験管の半分を覆うように巻きつけ、ビーカーの中に入れます。温度計には割り箸を貼りつけ、5mmほど出しておきます。

製氷皿を班の数用意して、氷をつくっておきます。製氷皿が足りない場合には、つくった氷を袋等の別の容器に入れてためておきます。

◆授業展開

1　その氷と試験管に入れた水を提示して課題を提示します。
「水を冷やしていくと、液体の水はどうなるか」

　この実験は時間がかかるので、課題をノートに書いたら挙手、発表です。
・氷になると思う。
・固体になる思う。

2　はかりの上で計量しながら寒剤を準備させます。「ビーカ

こうして温度計を保護し、かき混ぜられるようにします。

ここから約10分で全体が凍り、－10℃近くまで温度が下がります。
1分経ったら、アルミニウム箔を押さえて試験管をビーカーから取り出し、かき混ぜてから温度計の目盛りを読みます。

【板書】

班	0分	1分	2分	3分	4分	
1	26℃	0℃	0℃	0℃	-1℃	..
2	28	2	-1	0	0	..

筆者の実験では、2分後に氷と水の混じった状態になり、8分後に完全に氷になりました。その間、0℃と－1℃を示していました。10分後には－9℃になりました。
氷になったら、手の平で温めて水にしましょう。

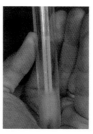

一○g、160足して○○g、60足して○○○g」と計算させます。

③ 氷と食塩がよく混じり、－5℃以下になったら試験管を入れます（氷を割っていないので、なかなか中央に入りませんが、大丈夫です）。
「1℃や2℃は読み間違いもあるから気にしない」「氷になっていないか、温度計を上下させて確かめて温度を測る」と約束をして実験を開始します。

④ タイマーを1分にセットして、測定開始です。タイマーが鳴ったらすぐに次の1分をスタートさせて温度を読みます。

⑤ 班ごとに記録したものを黒板に記入させます。
0℃付近で温度が変わらなくなることに驚く子どもたちがいます。

やっては いけない

 STOP

　試験管を寒剤に入れっぱなしにしてはいけません。過冷却といって、－3℃の水ができたりします。なかなか凍りません。取り出してかき混ぜることで、過冷却になることを防ぎます。

46 食塩の融解と凝固

> 時間
> 分量を
> 守れば
> **5分**
> で液化

一連の実験を行い、食塩も水のように固体から液体になるという
考えがもてるようにします。

ポイント

●普通の実験用コンロで加熱しても５分で液体にでき
　ます。

●安全のため、教師実験とします。

準備するもの

◎食塩◎耐熱試験管（外
径16.5mm）◎スタンド
◎薬さじ◎新聞紙◎濡れ
雑巾◎定規

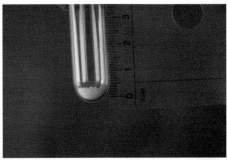

外径16.5mmの試験管に、底から３mm程度食塩
を入れます。これ以上だと時間がかかります。

◆授業展開

1　食塩を提示し、固体、液体、
気体のどの状態か確認します。
「固体の食塩に水を加えなくて
も、温度を上げて液体にできる
か」と問います。

　今までの学習を活用し、「水
が水蒸気になったり氷になった
りするように、食塩も液体にな
る」という意見が出てくること
を期待します。

2　実験は、教師が試験管をス
タンドに斜めに取りつけた状態
で行います。初めはスタンドご
とまっすぐ立てて水分を飛ば
し、試験管全体を加熱します。

3　その後、写真のように固定
し、食塩の入っているところを

火力は最大。加熱する位置は試験管の底が五徳の
すぐ上の辺りです。

無色透明の液体です。スタンドを持って揺らすと
動きます。液体だとわかります。

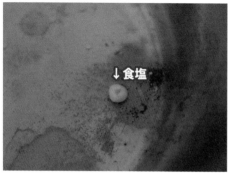

↓食塩

余裕があれば、スタンドごと試験管を傾け、金属
の容器に食塩を流し
込みます。試験管は
高温なので、必ずス
タンドを持って操作
します。

集中して加熱します。斜めに向
けた先には、人がいないように
します。

④　約2〜3分後、耐熱試験管
でさえゆがむ頃、無色透明の液
体が見えてきます。耐熱試験管
がゆがむ温度は、約800℃です。

⑤　スタンドごと揺らすと、食
塩の液体が揺れるのがわかりま
す。水のように見えるので触り
たくなりますが、絶対にしない
ように注意します。

⑥　そのうちに、食塩全体が無
色透明の液体になります（融
解）。その状態をみんなに見せ
たら火を止めます。すぐ固体に
なります（凝固）。

⑦　この温度は800℃になって
いると説明し、新聞紙を試験管
に触れさせます。紙は焦げ、燃
え始めます。濡れ雑巾をかぶせ
てすぐ消火します。マッチを試
験管につけると、火がつきます。

やってはいけない

STOP

練習なしの実験。万が一にも事故のないように、練習して取り組みましょう。

子どもたちに実験が鍛えられる

アルコールを入れた袋から空気を抜いて、熱湯をかけて膨らませた時のことです。

「空気が出て膨らんだ」と言う子がいました。でも、これは想定の範囲内。切り返す実験を考えておきました。

「それじゃ、空気か他の気体か、どうすればわかるだろうか」と聞いて、「燃えるかどうか。アルコールなら燃える」という意見を引き出しました。

自信をもって、教師実験で、袋に火をつけて見せました（安全に火をつけるには、練習が必要です）。

袋と中の気体は見事に燃えました。これで子どもたちは、「空気ではない」と言ってくれるはずでした。

しかし、「先生、それは袋が燃えているのであって、中の空気は燃えてないでしょ」という反撃にあいました。

確かに、ポリエチレンの袋は燃えますから、そういう見方もできるんですね。

「それでは、次の時間までに、袋が燃えたのか、中の空気のような物が燃えたのかわかる実験を考えておきます」と、その場は膨らんだ事実と燃えた事実だけを確認しました。

この子どもたちのお陰で、「袋に火をつけたのではわからない」ということが明らかになりました。子どもたちのおかげで実験が鍛えられたのです。

本書に収録した方法で行うと、中の気体が燃えたのが明確になります。この苦い失敗を生かしているのです。

これとは別に、「アルコールの液体は温度を上げると空気に変わり、下げるとアルコールに戻る」と考えていた子もいました。そこで、気体に火がついた時に、「アルコールのまま気体になったんだね」ということを強調するようにしました。

「水が水蒸気になった」だけだと、別な物になってしまったような印象を受ける子がいるのではないでしょうか。

雨が降ると、地面に水が溜まります。写真は、水溜まりに降る大粒の雨です。水溜まりの水はこの後どこへ行くのでしょうか。

10章…雨水の行方と地面の様子

◉これだけは押さえたい

▶雨水が流れるとき、地面は傾いていて、水は高いところから低いところに流れて集まること。

▶水が浸み込む場所と溜まる場所があることに気付き、そのことと土の粒の大きさの違いを関係づけて調べること。

◉指導のポイント

▶大抵の子どもたちは、雨天時に道路やグラウンドで水が流れている様子や水溜まりができている様子を見たことがあります。しかし、それを「道路の傾き」とか「高いところから低いところ」とか「土の粒の違い」と

いった概念と結びつけて考えていません。ここでは「日常の当たり前の現象」を、学習を通して「科学的な現象」に置き換えることが大切です。

▶ここで扱う内容は、単純な現象ですが、自然災害などと深く関係しています。住んでいる土地の高低等を考える場面も設けましょう。

47 水は低いところへ

時間
1 単位
時間

水が高いところから低いところへ流れることを発見します。

ポイント	準備するもの
◉児童の中には、高低差に関係なく、川が海に流れ込むように、湖や池にも必ず流れ込むと考えている子がいます。簡単な実験やゲームを行い、体感から水は高いところから低いところに流れることを理解させます。	◎ホワイトボード（Ａ４）◎ホワイトボードマーカー◎消しゴム◎スポイト（５mL）◎コップ◎色水

【実験１】水はどっちに流れるかな？

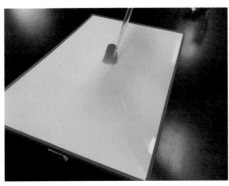

机の上に消しゴムを置き、その上にホワイトボードを、片方が高くなるよう傾けて置きます。スポイトで、色水をホワイトボードの中央に垂らすと、どちらに流れ出すのか実験します。

３～４mLの水を垂らさないと、うまく流れません。また、ボードの傾きもどれくらいで流れるのか、事前に試してください。

◆授業展開

① **予想**

ホワイトボードの真ん中に垂らした水はどちらに流れるでしょうか。

「低い方に決まっているよ」

「坂になっているから、低い方」

※意見が分かれなくてもそのままでよいです。

② **実験１からの考察**

実験を行うと、水は低い方向に流れます。そこで、自然界でも同じようなことが起きていないか考えさせます。

「川も山から流れている」

「通学路の坂道でも下の方に流れていた」

【実験2】水迷路

ホワイトボードに、ある程度幅の広い、簡単な迷路を描きます。スタート地点に色水を１mL垂らし、ボードを傾けながら色水をゴールまで誘導します。クラスの実態によっては、教師があらかじめ描いた迷路を準備しておくと、時間を節約できます。線に水がつくと、マーカーが浮いてはがれることがあります。

【簡単な色水のつくり方】

ろ紙やキッチンペーパーに水性マジックで色をつけ、ビーカーの水に入れるだけで簡単に色水をつくることができます。色付きスライムなど、透明感のある色水が欲しいときには便利な方法です。

③　実験２（水迷路）

今度はホワイトボードに簡単な迷路を書いて、スタートからゴールにむけて水滴が流れるように操作して遊びます。

教師から「どうやったらうまくゴールまで流すことができるかな？」等と声かけをし、児童から「流したい方向を低くしてあげると、うまく水が動くよ」等の高低差に視点を置いた言葉を引き出します。

学習の
まとめ

水は高いところから低いところに向かって流れます。自然の中の水も高いところから低いところへと流れています。集まった水の流れが「川」です。川も高いところから低いところへと流れていきます。

48 水の浸みこみ方を調べよう

水溜まりができやすい場所と、できにくい場所では、土の粒の大きさが
違うことを見つけ、水の浸み込み方を確かめる実験です。

時間
20~30分

ポイント

● 自ら立てた仮説を確かめる実験です。
● 教科書にも出ている実験ですが、成功させるためにはちょっとしたこつがあります。

準備するもの

◎500mLのペットボトル（3つ）
◎校庭の土（砂場の砂、水溜まりの泥、畑の土等）◎ガーゼ◎輪ゴム◎
100mLのビーカー

【実験装置】

500mLのペットボトルを上下半分に切り分けます。ボトルの口部分にガーゼを2重にして輪ゴムでとめます。ボトルの下半分の、切り口から1cmほどのところに何カ所か空気を抜く穴をあけます。これがないと、水がうまく浸み込まないことがあります。ガーゼをつけたボトルの上半分を逆さまにして、下半分の上に設置し、校庭の土をそれぞれのペットボトルの太さが変わらなくなるところまで入れたら、準備完了です。

◆実験のながれ

① 仮説を立てる

　水が浸み込む場所と水が溜まる場所の土の粒の大きさに気付かせ、以下のような仮説を立てさせます。

・水溜まりがあった場所の土は細かいから、水が浸み込みにくいのではないか。

・砂場には水が溜まっていなかったから、水が浸み込みやすいのではないか。

・畑には水溜まりがなかったから、水が浸み込みやすいのではないか。

【実験方法】

水100mLをそれぞれの装置に入れます。ストップ
ウォッチを使って吸水の時間を計測する方法もあ
りますが、操作が増えてしまうことや、実験結果
がわかりやすいことから、直感的に理解させます。

【実験結果】

写真のように、砂に注いだ水はすぐになくなり、
下から流れ出ます（右）。泥は、いつまでも上に
水が溜まったままです（左）。畑の土は、泥ほど
ではありませんが、ゆっくりと水を吸い込み、下
からもあまり出てきません。

2 実験

　水の浸みこむ早さ、下から出
てくる早さ、出てくる量等に注
目させて実験をします。よくわ
からなかった場合は、数回くり
返して行うこともできます。

　実験結果から、土の種類や粒
の大きさによって、水の染み込
み方が違うことの他に、畑の土
は、保水性があり、浸み込んだ
後に出てくる量が減っているこ
と等にも気付かせたいです。

　発展として、土壌と植物の成
長との関係や、土壌と災害の関
係について考えさせると、5年
生の川の流れの学習につながり
ます。

やっては いけない

　学校によって、校庭の土の種類は違っています。典型的な「泥」「砂」「礫」を使うこ
とにこだわる必要はありません。また、畑の土を使う時に、枯れ葉が残っていると、枯
れ葉がふたになり吸水のじゃまをすることがあるので、取り除いておく必要があります。

COLUMN

川の水はどこから来るの? どこへいくの?

　川の水は上流から下流へ、山から海へと流れるという事実は、私たちにとって当たり前のことです。しかし、子どもたちにとってはそうではありません。

　ある学校では、「海にはたくさんの水があるのだから、海からあふれ出た水が川となって流れている」と考える児童が実際にいたそうです。また違う学校では、川の水はどこから来たのかという問いに対して、「ダムから来た」と答える児童がいたり、「川の水は下水道へと流れていく」と答える児童がいたりするそうです。これらのことは、脚色ではなく、本当にあった話です。

　現在の子どもたちにとって、川は近づいてはいけないところ、遊んではいけないところで、決して身近な場所ではありません。当然、子どもたちは川の流れそのものに関心をもつことはなく、川の流れを見たこともない児童が出てきます。びっくりするような考えを本気で信じる児童がいるのは当然なのです。

　川に近づかないような「きまり」をつくってきたのは私たち大人です。もちろん子どもたちの安全を守ることは大切な

ことです。しかし、子どもたちを危険から遠ざけることは、同時に子どもたちから身近な自然を理解する大切な機会をも奪っているのです。

　前述のような考えに対しては、単純に否定してしまうのではなく、じっくりと向き合い、考え方を整理する活動を取り入れましょう。例えば、海から水が流れ出すと述べた児童に対しては、「海の水はどこからやってきたの?」とか「その水はどこへいくの?」など聞いてみるとよいでしょう。ダムについても同様です。ダムから水が流れ出て川になっていると考える児童には、そのダムの水はどこから来たのか問いかけ、時には一緒に調べる活動を行いましょう。

　憂うよりも、チャンス。川の水の起源や行く先は、子どもたちが発見するようにしくめばよいのです。

自分の考えを書く時間がそろそろ終わろうとしているところです。終わった子は姿勢をよくして待っています（人的環境）。

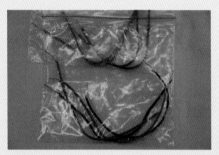

物は小分けにしておくと、短時間で班ごとに配れます（物的環境）。

11章…理科授業の環境づくり

◉指導のポイント

▶ 実験の準備をして、さあ授業。でも、うまくいかないことがあります。実験の準備はしてあるのに、器具を目の前にした子どもたちが、静かにしないので実験に取りかかれないこともあるでしょう。理科は、物を扱わせながら知性的な活動をさせるので、授業のマネージメントは難しいのです。

▶ 子どもたちが目的意識をもって実験するような授業を、日常的に行うにはこつがあります。静かにならない時に、教師が大きな声で注意することもあるでしょう。しかし、その方法しかなかったら、教師は根負けし

てしまいます。

▶ そこで、理科授業の物的・人的環境に関係することも盛り込みました。１時間の授業パターン、騒がしくなる時の対応法、理科室の整備、事故の対応、役立つ文献等です。

▶ 授業の受け方を教えても、１度では身に付きません。例えば、自分の考えを書き終えたら何をするか、教えておきます。できた子をほめます。その方針を１年間通します。何度も同じことを繰り返すことで、教師が細かく指示しなくてもできるようになるのです。１度指導してだめでも、諦めずに育てていきましょう。だんだん子どもたちが活発に活動します。

静かにならない時に
どうするか

子どもが静かにしていない時には、原因別に対応しましょう。
同じ方法がいつも通用するとは限りません。

◉やることを明確にします。
◉こまめに評価します。

よくある話です。
「ほら、うるさい。静かにしなさい」
ザワザワザワ。
「静かにしなさい！」
シーンとするけど、しばらくしたら、またザワザワ。
そうならないように、次のようにします。

〇約束事がわからない時
「説明します」
（全体を見回します。）
「素晴らしい。すぐにこちらを向きましたね」
（この時、できた子をほめます。全体はできていないでしょう。）
「今、こちらを向けた人も、素晴らしい。人のよいところを学べました」
（まだ私語をしている人がいたら）
「全員、起立」
（体を動かす指示をします。話を聞いてない子も、周りが起立するのでそれに合

1. 静かにしていない場面を分ける

子どもたちが静かにしない、話を聞いていないと思う場面があります。そうなると、実験の意味がわからなくなります。安全の注意を聞かないと、思わぬ事故につながりかねません。

そこで、いろいろな場合に分けて対応法を考えていきましょう。

2. 約束事がわからない

そもそも、「先生の話は1度で聞くものだ」と考えたこともない子もいます。ですから、その子には1度で聞く、言われたことを質問しないというルールを教えるところから始めます。

実は、静かにするよりも、話

わせます。）
「先生の話を聞く時には、１度で聞き取れるようにします。わかったら、着席」と、ルールを教えます。

○わかっていてやらない場合

「説明します」
（全体を見回し、聞いていない子を発見したら）
「持っている物を、すべて置きなさい」
（ちゃんと置いているかをチェックします。）
「○○さん、持っている物を置きます」
（これで静かになるまで、子どもたちを１人１人見ながら待ちます。）
「今、先生は、途中で説明をやめました。なぜでしょう」
「しゃべっていた人がいたからです」
「そうです。先生が話をする時には、静かに聞きます。そうすることで、授業の能率が上がって、みんなが賢くなります」
「それでは、やり直しましょう。説明します。素晴らしい。みんながさっと注目できました。こうしていくと、実験の時間も長く取れていいですよ」
やり直したら、ほめて定着させます。

○やることがない場合

活動を始める前に、「終わったら○○して待つ」と説明したり、板書に残したりします。静かにさせてもやることがなければ、騒ぐのが自然なのです。

を１度で理解する方が大切です。静かにしていても、意識が向いていない場合もあるので注意が必要です。

それを指導し、常識を身に付けさせてから、「注意」をしていきます。

3. わかっていてやらない

約束事がわかっていても、やらないで話が聞けないことがあります。楽な方に流されるためでしょう。

この時には、基本的に、やり直すことで正しい行動をさせていきます。

その時に、「なぜやり直しになるのか。どんなルールを守っていないのか」を子どもたちに言わせることです。

ルールがわかっていても、「これ位は守らなくても構わないだろう」と思う子どもたちに、みんなで「そうではない」と否定させていきます。

4. やることが不明確な時間

実験が終わった後に騒ぎ出すのは、実験が終わった後にノートに記録するとか、片づけをするとか、やることが不明確だからです。

50 子どもたちが落ち着く 机間巡視の技

教室内を歩く時にも、子どもたちが落ち着く机間巡視の方法があります。
ぜひ習慣化しておきましょう。

◉**実態把握、話し合いの指名計画、個別指導ができる机間巡視をします。**
◉**全体への目配りを忘れないようにします。**

1. 机間巡視は規則的に

課題を提示した後、自分の考えを書かせている時に、教卓でじっとしている先生は少ないでしょう。

子どもたちに近寄って様子を見に行くのが、普通です。この行為を机間巡視と言います。見て歩くだけではだめで、いろいろ指導していくのだという意味を込めて、机間指導とも言います。私は、あえて机間巡視と言います。

写真の白衣の教師（私）は、机間巡視してノートを見ています。この机間巡視で私が一番大事にしていることは、規則

◆ノート作業の時

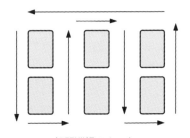

机間巡視のルート

規則的に歩くことで、全員のノートを見ることができます（実態把握）。

机間巡視には、実態把握、話し合いの指名計画、個別指導などの役割があります。先生を呼ぶ子に対応するのは、個別指導です。それだけだと、実態把握や指名計画ができなくなります。

指名計画は、「わかっていない子が多いなあ（実態把握）。

126

的に歩くことです。なぜかというと、「先生、先生」と呼ぶ子のところに行っていたら、もれなく全員のノートを見ることができないからです。

　私だと、どこまで見たか覚えきれないうちに、次々と呼ぶ子に対応する必要が出てくると思います。見落としが出ます。

　１班、２班、３班……と巡っていき、また１班にもどるようなルートで行うのが、見逃しなく全員の子どものノートを見ることができます。

2. 見られていることを 意識させる

　実験の時の机間巡視は、多少異なることがあります。正しく安全に実験させる必要があるので、勝手気ままな行動を見逃さない工夫が必要です。

　そのため、全体を見回すためにあえて机間巡視をやめることもあります。教卓から、１班、２班、３班……と見ていき、また１班にもどるように、目を一定ルートで動かすことは大切です。

　実験をしている時でも、机間巡視をしてもよいのです。ただし、大勢に背を向けるような立ち位置を取ってはいけません。理科室を外回りに回るような動き方をすれば、常に背中が外を向きます。

　時々、対角線の位置にいる子どもに声をかけます。すると、子どもは、実験の最中も、先生が見ているのだなと思います。「教室全体を見ています」というメッセージです。

　それなら、わかりやすい考えをＡ児、Ｂ児に発表させるだけでなく、Ｃ児も入れて３人に繰り返させて、Ｄ児に補足させよう（指名計画）」というような作戦を考えることです。

◆実験中

机間巡視のルート

実験中の机間巡視ルートは、左の図のようにします。常に全体が見えるようにします。

　左の写真は、痛恨のミスでした。スタンドの調子が悪い班に個別指導をする時、背中を多人数の方に見せてしまいました。

　本来なら逆の位置からやって全体を見回せるようにしておくべきでした（授業をビデオで撮ると、こういう反省をすることもできます）。

51 言ってもわからなければ見せる

話の聞けない子も、先生に迷惑をかけたくて騒いでいるわけではないことがあります。
聞きたくても聞けない子には、伝えたいことを見せましょう。

- ●「押してだめなら引いてみな」の精神で、対応します。
- ●視覚化は有効です。少しの手間で、子どもも教師も授業に集中できます。

「あの子は、何度言ってもわからない」
「全然話を聞いていない」

　こんなことを言いたくなる子は、どこの学校にもいるものです。

　対応策は、「話が聞けなくても、こちらの意図が伝わればよい」と考えることです。「押してだめなら引いてみな」のようにすることです。「言ってだめなら大きな声でいう」と対応しては、手詰まりになります。こちらの意図が伝わればよいのですから、「言ってもわからなければ伝えたいことを見せる」のです。

　まず、安全のための注意をするとき、黒板に「大切な注意だよ」とわかるカードを貼ってから板書します（「注意」のようなカードをつくっておく）。

 火を消した後，先生が言う
まで片づけない

　言うだけでなく、書くことによって見

◆表示をつくる

「そこにある薬さじを持って行きましょう」

　そう言われても行動ができない子がいます。しかし、このような表示がしてあって、中身がその通りになっていれば、行動できるのです。

　見てわかるようにしてあると、聞きたくても聞けない子が積極的に授業に参加しやすくなります。

てわかるようになります。特に、安全に
関することには、このようなカードと板
書を有効活用しましょう。

　さて、筆者の勤務する学校には、21
台の顕微鏡があります。実験机は7つあ
ります。そこに5人グループをつくって
座っています。顕微鏡を分けるにも、見
てわかるように板書します。

班	1	2	3	4	5	6	7
番号	1	2	3	4	5	6	7
	8	9	10	11	12	13	14
	15	16	17	18	19	20	21

　このように板書しておけば、「自分は
6班だから、6、13、20の顕微鏡を使
えばよいのだな」とわかり、友だちと協
力して取りに行けます。

　ガラスが割れたら
　先生に伝える
　静かに行動する

　実験で何かトラブルが起きそうな時、
そのトラブルを予期して画用紙に対応法
を書いておきます。

　例えば、ガラスが割れたら、私は自分
で処理することにしています。その約束
事を黒板に貼ってから実験すると、安心
できます。

　他のアイディアはありませんか？

　顕微鏡に番号をつけ、片づけ
るところにも番号をつけておき
ます。どの班がどの器具を使う
のかが明確になるので、混乱が
減ります。片づけの場所まで番
号をつけておくと、話を聞いて
いない子でも丁寧に片づけるこ
とができるようになります。

　実験用コンロが班の順番に置
かれています。下に片づける場
所を示す番号がつけてあります。

　視覚化は、重要な用語を定着
させるのにも有効です。

理科室の整備

授業に集中できるための整備です。
ひと手間かけて、子どもも教師も混乱せず楽しく学べるようにしていきます。

ポイント	準備するもの
◉何がどこにあるかを明示します。 ◉順番や役割分担のルールを決めやすくします。	◎ビニールテープ（黄色） ◎油性ペン

班の番号と座席番号を実験机に貼っておきます。

器具に番号を打つだけでなく、棚にも番号を付けておきます。

◆番号を書いておく

　実験用のテーブルに、班の番号と座席番号を書いておきます。班の番号は、器具の番号と一致させます。

　写真は、実験用コンロです。1班の子は1番の実験用コンロを使います。こうすることで、班ごとに器具を大事に使うようになりますし、持ち出したり片づけたりする時の混乱も減ります。座席番号で、「今日は1番の人が持ってきます」と言えば、スムーズです。

　班の番号は、棚にもつけてあります。そうすることで、片づける場所も明確にすることができます。

　収納は、基本的に学年ごとに

簡易検流計などはケースに入れ、教室に運んで使うこともできるようにしておきます。

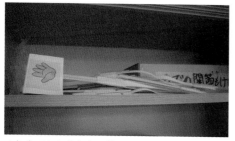

4年生でしか使わない物は、4学年の棚にまとめます。

引き出しにはラベルと写真。

まとめていきます。そして、どこに何があるかわかるように、できるだけ大きな文字で表示していきます。

左の写真は簡易検流計です。

これを使って理科室で実験することもあるでしょう。教室で実験することもあるでしょう。どちらでも対応できるように、ケースに入れておくと便利です。

金属の膨張実験器、腕の関節モデルなど、4年生でしか使わない物は、4学年の棚にまとめておくと便利です。

整備ができていると、物を探す時間がかからず、授業の内容に集中できます。そのわずかな時間を産み出すために、整備するのです。

やってはいけない STOP

ラベルは、紙の物を使うと剥がす時に大変です。黄色のビニールテープと油性ペンの組み合わせがよいです。

文字だけでわからない子に備え、写真も掲示しておくとよいでしょう。

およその授業の流れを決めておきます。何のためにどうするのか、指導の意図をはっきりさせます。これを例にアレンジしてください。

ポイント

◉授業の流れを過去の成功例に学ぶことは大切です。
　先人の工夫を知ることができます。

（1）学習課題－教師が自分で答える

　1時間の学習課題を、教科書通りに出していませんか。教科書の課題はよく練られていて、思いつきで問うより効果があります。しかし、例外もあります。「閉じ込めた空気を押すと、どんな変化をするだろうか」という問題があったとします。筆者は、正直なところ、「縮むのだけど、実感が湧かない」と思いました。

（2）言葉だけの課題提示は避ける

【解説】

　学習問題は、その時間に教師と子どもが協力して到達する内容（到達目標）が隠されているものです。

　左の課題は、「空気が漏れもしないのに小さくなるぞ。すごいなあ」と実感できることをねらっています。でも、そのねらいは、具体例を見ていかないと達成できないでしょう。そこで、問い方に工夫が必要になります。

　フラスコやろうとで実験装置を組み、具体的に「こうするのだ」と見せながら課題を提示します。言葉だけでは、何をするのか実感が湧きません。

　なお、子どもたちを提示する物に注目させてから、教師が話します。こうして、注目して話

（3）予想とその理由を書かせる

　AかBを選ぶ問題だったら、どちらかに手を挙げるのではありません。「迷っている」という予想もあることを教えます。

　予想をノートに書かせたら、その理由を書かせます。予想の理由を書くことにより、仮説が立つことがあります。見たことがある、したことがあるという理由は仮説ではありません。でも、理由を書くことは難しいことでもあるので、まずは書く習慣をつけていきます。

　前の学習(ノートの前のページを見て)や過去の経験を参考にするよう助言すると、理由の考え方が身に付いてきます。

```
＜考えるときのヒント＞
前に学習したこと
今までに見たり聞いたりしたこと
```

（4）予想の人数確認

　迷っている、A、Bという場合なら、全員に手を挙げさせて、自分がどの立場かを明らかにするようにします。人数を集計し、必ず全員がどこかに入っていることを確認します。

（5）話し合い

　まず、迷っている子から、発表させます。次に、少数派の自信がない子、多数派の自信がない子の順に発表させていきます。

を聞くというルールも教えていきます。

　「迷っている」と予想を書いたら、「こういう理由で入る」「こう理由で入らない」と、2つの理由を書かせます。前掲のノートには、そのように迷っている様子が書かれています。

　予想の理由の中に、「こういうしくみや決まりがあるのではないか。」というものが出てきます。それが仮説です。

　迷っているという予想の場合は、理由を2つの立場から書かせます。「こうならばA、こう考えるとB」のようにします。

　考えるときのヒントを、掲示物にしておくとよいです。

　ここでは1人で考えさせます。わからない、書けないという子は、話し合いがすんでから書けるようにと励まします。

　話し合いを聞いて予想を変えてもよいので、確実に手を挙げるように伝えます。全員が参加することについては、毅然と指導します。

　わからない、迷ったと素直に

この時、聞き手に「向く、うなずく、書く」の３つの「く」を指導します。発表者を向いて聞く、そして反応することです。

後は、自信のある子に発表と質疑応答をさせていきます。この時、「やったり見たりしたことがある」という意見は、それほど支持されない傾向にあります。「物の重さは、何も増えていない時には変わらない」のように、「こんな決まりがあるのではないか」という仮説を含むと反応がよくなります。

（6）人の意見を聞いて

話し合いを聞いて、自分の意見をもう１度書きます。予想とその理由を書くのです。人の意見を聞いて「○○さんの……という意見に賛成です」のように書かせていきます。最初のうちは、人の意見を聞き取って書くことが難しい子もいます。徐々にできるようになっていきますので、励ましましょう。

表明できることは、授業づくりや学級づくりで、大変重要です。

発表者を向いて、うなずくなどの反応をした子を、「発表者を勇気づけている」と賞讃します。

仮説がみんなに伝わり、どの仮説が正しいのかを検証するために実験しようという気持ちを高めます。

ここでも書くチャンスがあるので、最初の予想＋理由のところで、教師が個別に教えるようなことはしなくても大丈夫です。

134

（7）実験

　予想の人数確認をもう1度したら、実験です。

　どんな実験を行うか明確にし、準備役割、づけの役割等も明確にして、取り組ませます。

（8）学習のまとめを書く

　学習のまとめとして、3つのことを書かせていきます。

①実験の事実

　実験を行ったこと、観察したことを、日記のように書いていきます。

②その理由

　正しいことが確認された仮説を書きます。話し合いの中で、それが出されていることが、鍵になります。

③ふり返り

　この時間の学習をどう受け止めたかを書きます。「だから何なのよ？ どう思ったのよ？」に答えるように書くと教えます。

　実験はどの仮説が正しいかを確かめるためのものです。しかし、実験となるととたんに興奮して遊び始めてしまう子もいます。そこで、実験が終わった後の行動まで示して取り組ませるとよいでしょう。

　やることに曖昧さがあると、遊び始めてしまうからです。

　実験が終わってからノートをまとめ、発表を聞きながら修正するのに10分ほどかかります（4月はもう少しかかります）。それを見越した時間配分をしていきましょう。

　学習のまとめ③まで書けた児童に発表させていきます。その発表と比べて大事なところ（キーワードを教師が示すことがあってもよいです）。が抜けてないか確認し、修正しながら仕上げていくようにします（全員が毎回③まで全てを書けなくても可）。

※この基本的な流れについては、玉田泰太郎著『理科授業の創造』(新生出版　絶版)を参考にしました。

※「3つの『く』」は、土作彰著『絶対に学級崩壊させない！ここ一番の「決めゼリフ」』(78ページ)より。

54

ケガや火傷をした時は

安全に注意していても、ケガや事故は起こります。対応方法を確認しておけば、いざという時に行動できます。

児童はケガや火傷をすると、「怒られる」ことを心配します。対応が早ければ、本人の怪我も軽く済み、事故の拡大も防げます。「何か起きたら、すぐに知らせる」を合言葉にします。

○事故発生時の流れ（必要に応じて）

1　本人、周囲の児童から教員に知らせる。

2　他の児童を落ち着かせる。
・実験の中止や教員の応援要請をする。
・児童の応急手当をする。

3　養護教諭と管理職に連絡。
・保健室にて応急手当と医療機関受診の判断をしてもらう。
・保護者への連絡。

4　理科室の現状復帰。
・割れた器具の始末、清掃など。

※管理職にも、何か起きたらすぐ知らせる。
　全部知らせる。

・救急箱を用意する

　絆創膏などが入った救急箱を用意しておきましょう。学期始めに、必要数があるか確認します。

・砂が入ったバケツ

　アルコールランプが倒れて机に炎が広がった時は、濡れた雑巾や砂をかけて空気を遮断して消火します。

・ポリバケツ

　衣服に燃え移った時は、水をバケツに入れて消火します。教師の白衣をかぶせても可です。なお、白衣を着る際は必ずボタンをかけて着ます。

・目洗い器（アイカップ）

　目に薬品やごみが入った時に利用する洗眼容器。水を容器に入れて、その中で瞬きをさせます。目洗い器がなければ、蛇口から水を弱く流しながら眼を洗

○火傷をした時の対応
1　熱による壊死を防ぐため、流水につけて、痛みがとれるまで冷やします。
2　痛みが軽くなったら保健室で処置をしてもらいます。
※養護教諭の判断によっては、痛みが軽くなるまで待ちません。

○ガラス破損による切り傷
　ガラスの断面は鋭利なので出血が多く、水で洗い続けると、出血は止まりません。
1　傷口や周辺を水道水で洗い流します。破片が除去できるようなら、除去します。
2　ガーゼや清潔なハンドタオルで、傷口を押さえて圧迫止血します。
3　保健室で確認後、絆創膏で保護します。

○薬品がついた時
基本はすぐに水道水で洗い流すことです。
・指や皮膚についた時は、流水で洗い流します。衣服についた時は、着替えさせてから衣服を水につけて洗います。
・目を洗います。
　理科室の水道にはホースがつけてあります。それは、いざという時に弱い流水で、目を洗うことにも使えます。

う方法もありますが、眼球に強い流水を当ててはいけません。

◆保冷剤を冷蔵庫に

　洋菓子やアイスクリームに添えられる保冷剤を理科室の冷蔵庫で冷やしておくと、火傷の処置に使えます（基本は流水で）。

◆ガラスは割れることを想定しておく

　ガラス管をL字に曲げた物を折ってしまい、それで手を切るような怪我をする子もいました。ガラスを使う時には、常に割れる危険を想定しましょう。

・衣服についた薬品は、時間の経過によって、穴があいたりすることもあります。
・強アルカリは危険です。水酸化ナトリウムは皮膚につくと、タンパク質をとかしてぬるぬるします。水で十分に洗い流すか、食酢やクエン酸のような弱酸で洗い、さらに水洗いします。

やってはいけない

思いつきの対応はだめです。左ページの事故発生時の流れを、教卓近くに掲示しておきましょう。

55

役立つ文献

子どもが科学に興味をもつ本と、教師の授業づくりに役立つ本

◆図書室や学級文庫に置きたい本

○宮内主斗編著『おもしろ理科こばなし』1、2（星の環会）1200円＋税

5、6年生の内容に関係する科学の話を集めた本。3ページ1話の短編集なので、自分の気になるところを読み進めることができます。超能力のような、科学のようで科学でない話も取り上げています。

3年生から読める『たのしい理科こばなし』1、2（星の環会）1200円＋税、高学年向けの『役立つ理科こばなし』1、2（星の環会）も、ぜひ子どもたちの手元に置きたい本です。

○左巻健男、生源寺孝浩編著『新しい理科の教科書　小学6年』（文一総合出版）1200円＋税

教科書のようですが、読むだけでわかるように意図して作られた本。教科書は、実験したり教師に教えてもらうことを前提としているので、読んだだけではわかりづらいのです。内容豊かな本なので、検定教科書を読むだけでは物足りない子どもたちも楽しめます。3年から6年までのシリーズです。

○板倉聖宣著『科学的とはどういうことか』（仮説社）1800円＋税

題は難しそうですが、十分小学生（高学年）でも読める本です。この1冊で、科学大好きになる子もいます。「科学的」とはどんなことか、読んで納得できるようになる本です。

この著者の本には、中学年から読める『いたずら博士のかがくだいす

き』（小峰書店）シリーズ2800円＋税、『いたずらはかせのかがくの本』（仮説社）2200円＋税、『ジャガイモの花と実』（仮説社）1600円＋税他多数の魅力的な本があります。

学校の図書室には、これらの本を揃えておき、子どもたちが手軽に読めるようにしておきたいものです。

◆教師向けの参考書

○宮内主斗著『理科授業づくり入門』（明治図書）1800円＋税

理科の授業でいろいろな実験を見せ、子どもたちをびっくりさせようと思うと、この本はそういう期待には応えられないでしょう。

どうやって実験を子どもたちに提示するのか、どうやって子どもたちの意欲を喚起していくのか、という部分を詳しく書いてあるのです。お寿司屋さんにたとえると、寿司の握り方、ネタの仕込み方の書いてある本です。机間巡視の仕方、子どものほめ方など、わかっているようでわかっていない話が書かれています。

もし、特別な支援を要するお子さんへの対応で悩んでいる場合には、こちらの本もお役に立ちます。

拙著『子どもが育つ５つの原則－特別支援教育の視点を生かして』、『子どもが伸びる５つの原則－特別支援教育の時間軸を使って』（さくら社）1800円＋税。

○宮内主斗・玉井裕和編著『教科書と一緒に使える小学校理科の実験・観察ナビ〈上巻〉』（日本標準）2000円＋税

本書同様パッと見てわかり、なおかつ詳しい本です。

実験の仕方が簡潔に書かれているページの後ろに、詳しい説明があります。

実験器具の使い方にも、ちゃんとした科学の理由がありました。それを子どもたちに語れるようになれば、あなたも子どもたちから尊敬の眼差しで見られることでしょう。

なお、上巻が３、４年生、下巻が５、６年生の実験を中心に書かれています。

○板倉聖宣著『仮説実験授業のABC－楽しい授業への招待』（仮説社）1800円＋税

仮説実験授業という大変有効な授業法があります。その授業運営法について書かれた本です。とはいえ、仮説実験授業を行わない教師にも、授業づくりのノウハウについて学ぶところが多い本です。読んで気に入ったら、『仮説実験授業─授業書ばねと力によるその具体化』（仮説社2750円＋税）もおすすめです。

参考文献

[ ] 内は同書を参考文献とした本書の項目番号

[第1章扉，1，3，8，23，第5章扉，25]
◎宮内主斗編著『授業づくりの教科書　理科実験の教科書4年』さくら社，2012年

[2]
◎宮内金司「写真パネルや観察ビンゴシートを利用した「生きもの観察」の授業」『子どもと自然学会通信』68号（2016年）

[3]
◎宮内主斗・市村慈規編著『授業づくりの教科書　理科実験の教科書3年』さくら社，2012年

[4]
◎宮内金司「「生きもの観察」の授業 〜 春の校庭」『子どもと自然学会通信』70号（2017年）

[5]
◎宮内金司「「生きもの観察」の授業 〜 夏の校庭」『子どもと自然学会通信』71号（2017年）

[6]
◎宮内金司「「生きもの観察」の授業 〜 秋の校庭」『子どもと自然学会通信』72号（2017年）

[7]
◎宮内金司「「生きもの観察」の授業 〜 冬の校庭」『子どもと自然学会通信』73号（2017年）

[19]
◎中村啓次郎『たのしくわかる　理科4年の授業』あゆみ出版，1978年

[第4章扉，20-22]
◎玉田泰太郎『気体はものである——物質認識を深める授業』日本書籍，1985年

[24，27-29]
◎宮内主斗・関口芳弘編著　谷川ひろみつ（絵）『クラスがまとまる理科のしごとば 下——教材の準備と授業のすすめ方』星の環会，2013年

[第6章扉]
◎文部科学省『小学校学習指導要領（平成29年告示）解説　理科編』東洋館出版社，2018年

[35]
◎宮内主斗「物の体積は温度によって変化する。だが重さは変わらない。」『理科教室』2019 年 9 月号

[38]
◎左巻健男・市村慈規編著『小 4 理科授業完全マニュアル』学習研究社，2009 年

[第 9 章扉]
◎江川多喜雄「私ならこうする　物の三態＜小 4 ＞『理科教室』1998 年 2 月号

[40]
◎髙橋金三郎「液体から気体への変化」『理科教室』1961 年 4 月号

[41]
◎玉井裕和「「空気！」から「アルコール蒸気」へ」『理科教室』1996 年 11 月号

[43]
◎小林浩枝「水の三態変化」『理科教室』2012 年 9 月号
◎難波二郎「『ハッカ』追記」『たのしい授業』1999 年 8 月号

[48]
◎左巻健男・山下芳樹・石渡正志（編）『授業をつくる！最新小学校理科教育法 2017 年学習指導要領準拠』学文社，2018 年

[49, 51]
◎宮内主斗『子どもが育つ 5 つの原則──特別支援教育の視点を生かして』さくら社，2017 年

[50]
◎宮内主斗『理科授業づくり入門（THE 教師力ハンドブック）』明治図書出版，2015 年

[52]
◎宮内主斗編著　谷川ひろみつ（絵）『クラスがまとまる理科のしごとば 上──授業づくり・学級づくり』星の環会，2013 年

[53]
◎玉田泰太郎『理科授業の創造─物質概念の基礎を教える』新生出版，1978 年
◎土作彰『絶対に学級崩壊させない！ここ一番の「決めゼリフ」』明治図書出版，2013 年

注：科学教育研究協議会 編『理科教室』は出版者が変遷しています。国土社 (-v. 16, no. 4) → 新生出版 (v. 16, no. 5-44 巻 3 号) → 星の環会 (44 巻 4 号 -50 巻 3 号) →日本標準 (50 巻 4 号 -58 巻 9 号)。以降 2020 年現在は本の泉社。

◆ 編著者・執筆者紹介

[ ] 内は執筆項目番号

編集・執筆代表

宮内 主斗 (みやうち きみと)

茨城県公立小学校教諭

特別支援教育に携わりながら、たのしくわかる理科の授業をどう創るかに興味を持っています。著書に『理科授業づくり入門』(明治図書出版)、『子どもが伸びる5つの原則』『子どもが育つ5つの原則』(さくら社)、編著『特別支援教育のノウハウを生かした学級づくり』『クラスがまとまる理科のしごとば』『おもしろ理科こばなし』(星の環会)、『教科書と一緒に使える小学校理科の実験・観察ナビ』(日本標準)他多数

[第4章扉＋コラム，第5章扉＋コラム，19-23，25，26，第7章扉＋コラム，33，35-37，第8章扉＋コラム，38，39，第9章扉＋コラム，43-46，第11章扉，49-53，55]

4年編集・執筆代表

中嶋 久 (なかじま ひさし)

元北海道公立小学校教員

科学教育研究協議会ＨＯＨ(函館・渡島・檜山)理科サークル会員。地域にこだわった実践に力を入れてきました。ＨＯＨでの実験教室の他、函館国際科学祭の一環として、科学の祭典、ジオ・フェスティバルの運営にも関わってきました。 共著『道南の自然を歩く』(北海道大学図書刊行会) 『理科の学ばせ方・教え方事典』(教育出版) 他。ホームページ「渡島半島の自然を訪ねて」(http://nature.blue.coocan.jp/)

[第7章コラム，42]

執筆者 (五十音順)

井上 貫之 (いのうえ かんじ)

理科教育コンサルタント

元青森県公立小・中・高等学校教員、公益財団法人ソニー教育財団評議委員。科学が好きな子どもを育てるために様々な活動をしています。著書に『親子で楽しく星空ウオッチング』(JST)、共著『クラスがまとまる理科のしごとば』(星の環会)、『たのしい理科の小話事典』(東京書籍)、『話したくなる！つかえる物理』『もっと身近にあふれる「科学」が3時間でわかる本』(共に明日香出版) 他多数。

[第2章扉＋コラム，9，第6章扉＋コラム，27-31]

大谷 雅昭 (おおたに まさあき)

群馬県公立小学校教諭

環境省環境カウンセラー、陸生ホタル生態研究会会員。「まるごと教育」でスイングバイする子どもたちを育てることをモットーとしています。共著『スペシャリスト直伝！＜失敗談から学ぶ＞学級づくり・授業づくり成功の極意』(明治図書出版)、『国語の力 伝統的な言語文化と国語の特質に関する事項』(三省堂)。

[24]

小早川 誠二 (こばやかわ せいじ)

愛媛県公立小学校教諭
学力向上のために ICT の効果的な活用を考え
ています。子どもたちとプログラミングして
作るソフトウェア開発が得意で、学習ソフト
ウェアコンクールでは過去 3 回文部科学大臣
奨励賞を受賞しています。今は Python 言語
を勉強中です。
インターネット利用アドバイザー
[18]

野末 淳 (のずえ じゅん)

科学教育研究協議会会員
埼玉小学校理科サークルで、小学校の理科の
授業づくりについて研究しています。学習が
進めば進むほど楽しくなる理科の授業をめざ
しています。
[40, 41]

宮内金司 (みやうち きんじ)

茨城県牛久市理科支援員
「楽しく分かる理科」を目指し、工夫を重ね
ながら授業のお手伝いをしています。その中
で地域の自然を観察し記録することを細々と
続け、写真展示やホームページ『いきもの大
好きな子どもたち』で紹介しています（http://
nature.kids.coocan.jp）。著書に分担執筆で『こ
のは No.5 魅せる紅葉』（文一総合出版）、『果
物学』（東海大学出版会）など。
[第 1 章扉＋コラム，1 - 8]

八田 敦史 (やつだ あつし)

埼玉県公立小学校教諭
科学教育研究協議会会員
月刊『理科教室』編集委員
公立小学校で理科専科を務める傍ら、埼玉小
学校理科サークルで授業プランづくりや実践
検討を行っています。学ぶことで子どもの世
界が広がる理科授業をめざしています。
[第 3 章扉＋コラム，10-17，32，34]

横須賀 篤 (よこすか あつし)

埼玉県公立小学校教諭
理科全般に興味をもって、教材開発をしてい
ます。独立行政法人国際協力機構（JICA）短
期シニアボランティアとして、南アフリカ共
和国で科学教育支援を経験したり、JAXA の
宇宙教育派遣で、アメリカヒューストンに
行ったりしました。
[54]

横山 光 (よこやま ひかる)

北翔大学教育文化学部教授
北海道内の公立中学校理科教員を経て現職。
現在、小学校教員の養成に携わっています。
地学領域、特に火山が専門で、安い、簡単、
わかりやすい実験教材作成がほとんど趣味と
なっています。最近は、野外を案内しながら
行うフィールド実験の開発に力を入れていま
す。
[第 10 章扉＋コラム，47，48]

授業づくりの教科書

［新版］理科実験の教科書〈4年〉

2012 年 5 月 5 日　初版発行
2020 年 8 月 15 日　新版発行

編著者　宮内主斗・中嶋 久
発行者　横山験也
発行所　株式会社さくら社
　　　　〒 101-0051　東京都千代田区神田神保町 2-20 ワカヤギビル 507 号
　　　　TEL：03-6272-6715 ／ FAX：03-6272-6716
　　　　https://www.sakura-sha.jp　郵便振替 00170-2-361913

イラスト　鈴木ほたる
ブックデザイン　佐藤　博　　装画　坂木浩子
印刷・製本　中央精版印刷株式会社

© K.Miyauchi & H.Nakajima 2020,Printed in Japan
ISBN978-4-908983-38-2　C0037
＊本書の無断複写・複製・転載を禁じます。
＊乱丁・落丁本は、送料小社負担にてお取り換えいたします。